CATARATA

XAVIER COLLER

Es PhD por Yale University (2002) y doctor por la UAB (1996). Es catedrático de Ciencia Política (2021, UNED) y de Sociología (2010-2019, UPO). Ha enseñado en universidades europeas y estadounidenses y ha sido *visiting fellow* en las universidades de Warwick, Berkeley, Harvard, Yale, Georgetown, Princeton, Université de Montpellier-1 y LUISS. Es el séptimo catedrático Príncipe de Asturias de Georgetown University (2005-2007) y corresponsal para España de la Comparative Candidates Survey. Sus investigaciones han sido financiadas por instituciones europeas, españolas y estadounidenses. Es autor de más de un centenar de publicaciones sobre teorías, métodos de investigación, identidades colectivas, élites políticas y organizaciones complejas. Entre sus libros más conocidos están *Estudio de casos* (CIS, 2000, segunda edición en 2005), *Canon sociológico* (Tecnos, 2003, segunda edición en 2007), *Análisis de organizaciones* (CIS, 2004, con Roberto Garvía), *El poder político en España: Parlamentarios y ciudadanía* (CIS 2016, con Antonio M. Jaime y Fabiola Mota, también en Palgrave, 2018), *The Selection of Politicians in Times of Crisis* (con Guillermo Cordero y Antonio Jaime-Castillo, Routledge, 2018) y *Democratizing Candidates Selection. New Methods, Old Receipts?* (con Guillermo Cordero, Palgrave, 2018). Su último libro es *Politicians in Hard Times. South European MPs Facing Citizens after the Great Recession* (con Leonardo Sánchez-Ferrer, Palgrave, 2021). Más información: https://www.uned.es/universidad/docentes/politicas-sociologia/francesc-xavier-coller-porta.html.

Xavier Coller

La teatralización de la política en España

BRONCAS, TRIFULCAS, ALGARADAS

Prólogo de Ignacio Sánchez-Cuenca

CATARATA

DISEÑO DE CUBIERTA: PABLO NANCLARES

FUENCARRAL, 70
28004 MADRID
TEL. 91 532 20 77
WWW.CATARATA.ORG

LA TEATRALIZACIÓN DE LA POLÍTICA EN ESPAÑA.
BRONCAS, TRIFULCAS, ALGARADAS

ISBN: 978-84-1352-898-4
DEPÓSITO LEGAL: M-1.050-2024
THEMA: JP/JPF/JPHL/JBFX

Para mi hijo Lucas, con la esperanza
de un futuro mejor.
Gracias, michi.

ÍNDICE

PRÓLOGO

Hubo un diputado de personalidad más bien histriónica, famoso por sus "numeritos" en el Congreso, consciente siempre de que acapararía titulares al día siguiente actuando así, que, sin embargo, cuando se presentaba en reuniones de trabajo con colegas de otros partidos, anunciaba que había llegado el momento de quitarse la careta de político y pasar a hablar como un ser humano. Claramente, pensaba que la actividad política no era del todo humana, y no le faltaba razón, siempre que se entienda el alcance de tal afirmación: hay en la política representativa un elemento importante de artificiosidad, de juego de apariencias, de lo que en este libro se llama teatralización.

Para este diputado, todo lo que habían sido malas maneras, marrullerías y ocurrencias pretendidamente graciosas en el pleno se convertía en una conversación afable y respetuosa en el refugio discreto de una comisión parlamentaria. Sus colegas no daban crédito ante una transformación tan acusada. El autor de este libro imprescindible, Xavier Coller, muestra que este tipo de comportamiento, aunque quizá no tan exagerado como en el caso del diputado histriónico, es muy común entre nuestros representantes. Habla, en este sentido, de política visible (la de los plenos y ruedas de prensa) frente a política invisible (la de las comisiones en las que se negocian las leyes). Coller piensa, con buenos motivos, que los registros tan distintos de nuestros políticos en estos dos ámbitos obedecen a lo que denomina la lógica de la disociación.

La lógica de la disociación posibilita la gran paradoja de la política democrática: políticos que se tiran los trastos a la cabeza cuando todo el país les observa pero que luego son capaces de negociar y alcanzar acuerdos en foros más discretos como las comisiones parlamentarias. La dinámica es justo la contraria a la de una pareja mal avenida, cuyos miembros, ante el exterior, simulan una buena relación, pero luego en privado no se soportan. Los políticos, en cambio, se llevan bien entre bambalinas, pero no tanto una vez que salen al escenario.

La mayor parte de la ciudadanía está acostumbrada a percibir la bronca y no la colaboración entre políticos. Mediante un trabajo exhaustivo y admirable, el autor pone las cosas en su sitio: en el Congreso, por término medio, las leyes cosechan solamente un 10% de oposición a lo largo de todo el periodo democrático (en los parlamentos autonómicos la oposición no es mucho mayor, el 15%). Estas cifras no sorprenderán necesariamente al lector especializado en asuntos políticos, pero sí quizá a quien tiene un interés general por la política, pero no acostumbra a seguir las contribuciones académicas en este campo.

Coller, catedrático de Ciencia Política en la UNED, doctor por la Universidad de Yale y autor de numerosos trabajos de investigación sobre élites políticas, partidos, nacionalismo y métodos de investigación, ha decidido, con buen criterio, escribir un libro breve (siempre se agradece) en el que consigue presentar una visión compleja del funcionamiento de nuestras democracias de forma amena y rigurosa a la vez. Este libro debería ser de obligada lectura para todos aquellos que se interesan por la política, muy especialmente analistas, opinadores, periodistas, estudiantes de la materia y hasta practicantes de la misma.

El libro desmenuza los factores que afectan al equilibrio entre confrontación y consenso. Los plenos, la presencia de público en los debates, temas sensibles ideológicamente y la proximidad de unas elecciones agudizan la confrontación frente al consenso. La dimensión confrontativa de la política tiene consecuencias ambivalentes. Por un lado, la confrontación demuestra que los políticos no son todos iguales, que defienden tesis distintas. Hay un componente agonístico de la democracia que no puede suprimirse sin más. Pero, por otro lado, la confrontación, cuando se exagera, o cuando se convierte en simple crispación política, acaba generando desafección ciudadana.

Se ofrecen en el libro algunos datos que no invitan a un optimismo excesivo. Si bien en el agregado del periodo democrático los niveles de consenso en la aprobación de leyes son altos (y similares a los de otras democracias avanzadas), cuando se analiza la tendencia temporal, se observa un progresivo desgaste del acuerdo en beneficio de la confrontación. Aunque hay muchos picos y valles, la tendencia general es negativa. A medida que ha ido madurando nuestro sistema democrático, los niveles de consenso se han reducido. Los mínimos históricos, por cierto, se han producido durante las dos legislaturas en las que el Partido Popular disfrutó de una mayoría absoluta (con José María Aznar entre 2000 y 2004, y con Mariano Rajoy entre 2012 y 2015).

Además, y esto resulta muy llamativo, los partidos nuevos que se han creado durante la última década (Podemos, Ciudadanos y Vox), llamados en principio a regenerar la democracia, son menos propensos al acuerdo y la negociación. A través de encuestas a diputados, Coller muestra que los de estos partidos tienen una menor predisposición al consenso legislativo y piensan en mayor medida que sus colegas de los partidos tradicionales que acordar leyes supone una traición al programa electoral con el que se presentaron ante la ciudadanía. Todo indica, pues, que nos encaminamos a legislaturas no solo más broncas, sino también más divisivas, con niveles decrecientes de colaboración en la actividad parlamentaria. No cabe descartar entonces que la polarización y la rigidez ideológica terminen provocando niveles más elevados de intransigencia que impidan no solo grandes acuerdos políticos, sino también acuerdos puntuales en torno a propuestas legislativas.

El libro que ha escrito Coller proporciona una visión exhaustiva de la dialéctica confrontación/acuerdo que atraviesa la política. Lo consigue gracias a una combinación de datos e información que constituye el esqueleto del texto. Aunque no presume mucho de ello, el autor ha escrito este libro de apariencia ligera después de un trabajo empírico ingente. Ha codificado miles de leyes, ha realizado una encuesta a parlamentarios de las 19 cámaras de representación (Congreso, Senado y las 17 asambleas autonómicas) y ha entrevistado a 70 parlamentarios con cuestionarios semiestructurados. Las entrevistas son especialmente interesantes. A lo largo de las páginas, Coller reproduce fragmentos de las mismas que ilustran, en ocasiones de forma muy gráfica, la percepción que tienen los diputados sobre su propia actividad política. Recomiendo a los lectores y lectoras que no se salten las citas de las entrevistas: constituyen un complemento perfecto a las tesis que se van desgranando en el libro.

Sería fascinante si en el futuro se pudiera extender la línea de investigación de Xavier Coller a un ámbito comparado. Si aún no se ha explorado suficientemente esta dimensión es, indudablemente, por los costes que supone reunir la información. Este libro es fruto de años de paciente trabajo. Imagínense lo que significaría multiplicar el esfuerzo para cubrir varios países. Con todo, podríamos salir de dudas sobre algunas cuestiones que flotan en el ambiente acerca de la política española: ¿son nuestros niveles actuales de confrontación preocupantes cuando se analizan a la luz de lo que sucede en otros Estados? ¿Afectan los sistemas electorales al consenso en la producción legislativa? ¿Es la teatralización equivalente en todos los países? ¿Las democracias más jóvenes se comportan de manera parecida a las más añosas, o tienen unas y otras rasgos propios?

Aunque esto no es más que una mera especulación, no resultaría demasiado sorprendente que los diputados de cada país reflejen algunos rasgos dominantes de la cultura política nacional. Permítanme que acabe este prólogo con una observación personal. Pensemos en las sesiones de control al Gobierno del Congreso de los Diputados y del Parlamento británico (*question time*). Tienen varias cosas en común. Por ejemplo, que ambas se celebran los miércoles y que en ambas la dimensión teatral de la política se lleva al extremo. Ahora bien, la manera de teatralizar es algo distinta en cada caso. A mí me parece que el enfrentamiento británico está en cierto sentido más ritualizado y los ataques que se cruzan tienen unos límites por todos conocidos. Se cruzan palabras duras, pero, gracias al uso del humor, tan característico de los británicos, la dureza no se transforma en ofensa o en daño personal. En el Parlamento español, sin embargo, la retórica es más brutal y trata de hacer mella en la persona con descalificaciones durísimas, con frecuencia cargadas de desprecio o displicencia. Son como golpes sordos y secos destinados a erosionar cuanto sea posible la legitimidad y el crédito del rival. El estilo de confrontación es muy bronco en nuestro país, se premia más la contundencia que la sutileza, se prefiere el sarcasmo a la ironía.

Esta teatralización tan agresiva probablemente obedezca a un pasado cargado de violencia, intolerancia e intransigencia. Durante demasiado tiempo, en España, la teatralización de la política fue el preámbulo de enfrentamientos civiles. Ahora, evidentemente, ya no ocurre así, y de hecho, la retórica del desacuerdo no ha impedido conseguir un muy razonable nivel de consenso en la aprobación de leyes. Quedan, con todo, rescoldos de una historia poco edificante. El teatro, también el político, admite muchos géneros; hay tragedias, dramas y comedias. La tragedia no es de gran utilidad y algunas veces acaba involuntariamente en comedia grotesca. Algo de drama parece necesario en la política, aunque también algo de comedia ligera que quite pesadez a algunos mensajes que no tienen más objetivo que la destrucción reputacional del rival. Creo que aún nos queda un poco para llegar a una teatralización de la política que, sin perder un ápice de mordiente y sentido crítico, mantenga un cierto respeto hacia los rivales. Al final del libro, Coller propone algunos mecanismos para generar *juntanza*, una palabra nueva que debería generalizarse y añadirse a nuestro acervo léxico. La *juntanza* no pretende acabar con la competición partidista, sino, más bien, que dicha competencia se lleve a cabo dentro de unos parámetros de convivencia política que afiancen la confianza de la ciudadanía en el sistema democrático.

Ignacio Sánchez-Cuenca
Diciembre de 2023

INTRODUCCIÓN

La política en democracia está recorrida por dos fenómenos. Por un lado, el conflicto entre actores que nace de la pluralidad de intereses legítimos presentes en la sociedad. Por otro, la cooperación institucional entre rivales. Cooperación y conflicto se activan a la hora de construir, debatir y aprobar leyes en los parlamentos. Como en toda democracia, en la política parlamentaria en España hay conflicto, disenso, pero su manifestación visible suele ocultar que hay también mucha cooperación. Este libro explora esta paradoja: a pesar de que percibimos la política como un área de conflicto permanente con intensidad variable, lo cierto es que nuestros representantes no solo entienden mayoritariamente que la política es una esfera de cooperación, sino que cuando están en sus respectivos parlamentos tienden a aprobar leyes de manera cooperativa (sin votos negativos) con más frecuencia que de manera conflictiva (con votos negativos).

Esta paradoja se explora recurriendo parcialmente al fenómeno de la "teatralización" en las instituciones de representación. En este trabajo se entiende por "teatralización" la ejecución en público de unos comportamientos que visibilizan un conflicto entre actores políticos rivales que contrasta con los niveles de inclusión en la actividad parlamentaria más regular e importante: la legislativa. Nuestros parlamentarios escenifican el conflicto en la política de maneras diversas. El repertorio agrupa las broncas, trifulcas y algaradas habituales que reflejan los medios sustentadas en insultos, acusaciones, gestos obscenos, insidias, exabruptos, aspavientos, ofensas, abucheos, *zascas*, gritos, desprecios, burlas, incluso amenazas o violencia simbólica. No son situaciones infrecuentes en nuestro parlamentarismo y se escenifica solo con los rivales, no con los correligionarios. Por ello, se consideran manifestaciones del conflicto político entre antagonistas. Este libro es una invitación a explorar y a comprender este fenómeno en el contexto de la política de la segunda década del siglo XXI.

RELATO

El resultado de la exploración es un relato, una narrativa que expone que la política en España está recorrida por una teatralización que puede estar teniendo consecuencias graves sobre la ciudadanía y la calidad de la democracia. Como tal narrativa, se le pueden contraponer otras. La peculiaridad de este relato es que está basado en el estudio de un segmento importante y poco conocido de los protagonistas de la política: las personas que ocupan un escaño en alguna de las 19 cámaras de representación. Mi objetivo ha sido dejar hablar a los protagonistas de la teatralización mapeando sus percepciones sobre este fenómeno. Al fin y al cabo, aunque "la democracia hoy es el gobierno de los políticos" (Linz, 2007: 227), en muy pocas ocasiones los políticos se convierten en objeto de estudio, por lo que se suelen desconocer sus percepciones, opiniones o los marcos cognitivos que sustentan sus decisiones. Para conocerlos, se ha recurrido a una encuesta y a entrevistas semiestructuradas.

Hay una diferencia sustancial entre observar la realidad desde lo alto de un rascacielos o verla desde el primer piso del edificio. En el primer caso, se puede tener más amplitud, ya que la visión alcanza más superficie. En el segundo caso, la visión es más limitada, pero se observan detalles que pueden pasar desapercibidos desde el último piso. El equilibrio entre amplitud y profundidad no es fácil. En este trabajo se ha intentado alcanzar con la combinación de datos de encuestas y entrevistas. Las encuestas permiten ver una realidad amplia que adquiere dimensión de profundidad con las entrevistas a actores clave. Ambas técnicas de aproximación a la realidad tienen limitaciones que han sido ampliamente discutidas, pero la combinación de ambas creo que permite matizar, conocer mejor una realidad caleidoscópica, aun siendo consciente de que lo que se conoce es la realidad, pero no necesariamente toda la realidad. Este trabajo se basa en una encuesta a una muestra de 557 parlamentarios de las 19 cámaras de representación en España y en 59 entrevistas semiestructuradas a una muestra motivada. Hay más información en el anexo titulado "¿Cómo se ha hecho?".

Este relato prescinde de buena parte del andamiaje teórico que suele nutrir las narraciones académicas. Los datos de encuesta y las citas de las entrevistas que salpican este libro son los hilos con los que se trenza el relato que presento aquí. Lo importante, no obstante, es lo que transmiten, y no tanto lo que se interpreta de ellas, ya que la interpretación puede variar de persona a persona. Yo ofrezco la mía, pero no como el chamán que caracteriza Lapuente (2015: 83-87 y ss.), sino como un aprendiz de su exploradora.

Para garantizar el anonimato de las personas entrevistadas, las citas seleccionadas tienen todas una clave que nos revela la cámara de la que procede el entrevistado, el sexo, el espacio ideológico en el que se inscribe su partido y su experiencia. Estas claves se explican en el anexo metodológico. Creo que las citas sintetizan bien las posturas detectadas en las encuestas y entrevistas. No son el resultado de una selección caprichosa. En su exposición se ha seguido un principio básico: se ha intentado reflejar la variedad de posturas existentes resaltando los puntos comunes y también las diferencias cuando las hay, aunque ya aviso de que sobre el tema de la teatralización de la política hay poca discrepancia, aunque algún matiz existe. Aun así, es obligada una nota de precaución.

De la misma manera que no podemos afirmar que todo el mundo dice la verdad, tampoco podemos sospechar que todos mienten, ya sea en entrevistas o en encuestas. Naturalmente, un cierto sesgo de deseabilidad social es esperable: a veces las personas respondemos a las encuestas o entrevistas intentando quedar bien. Evitar este sesgo es imposible, pero en el anexo metodológico explico cómo lo hemos intentado mitigar.

Este libro intenta traspasar la esencia del ensayo sin llegar a construir un discurso científico *stricto sensu*. Se queda a medio camino intencionadamente con la aspiración de transmitir informaciones fundamentadas para que se valoren, reflexionen y consideren críticamente. En ese sentido, intento huir de especulaciones y superar las intuiciones como fuente básica de conocimiento de la realidad. Como académico, no puedo dimitir de la obligación de ofrecer evidencias, datos e informaciones que ayuden a sustentar un relato que sirva para el debate público informado.

Y ese es, precisamente, mi interés: destacar lo que creo que es un riesgo importante para la democracia. No soy el único que piensa que las democracias están en peligro como especie de regímenes políticos. Como mínimo, están en recesión y con problemas de funcionamiento. El índice de democracia del Economist Intelligence Unit (EIU) y de otros institutos solventes muestra un cierto retroceso global a pesar de que se observan mejorías en algunos países, entre ellos España, que suele estar entre las 15 mejores democracias del mundo[1]. Aun así, estos índices no suelen detectar las corrientes de fondo que algunos académicos nos muestran con sus estudios minuciosos.

1. Véanse los trabajos Przeworski (2019), Levitsky y Ziblatt (2018) y Runciman (2018). Se puede también ver cómo resisten históricamente las democracias a través de una alta dosis de resiliencia en el trabajo de Boese *et al.* (2021). El índice del EIU se puede ver aquí: https://bitly.ws/VUsC. Además, se pueden consultar los de Freedom House, V-Dem (Varieties of Democracy) o el dirigido por Penadés y Garmendia (2023) para España, especialmente el capítulo de Escobar y Cabrera (2023). Se puede encontrar también un análisis del caso de España en perspectiva comparada en Sánchez-Ferrer y Coller (2021).

En las democracias consolidadas se produce también un deterioro de su funcionamiento, como nos ilustra Linz (2009a) y, a su estela, Levitsky y Ziblatt (2018). Hay una creciente desafección ampliamente estudiada (Torcal, 2016) que se dirige a políticos y a las instituciones en las que sirven y que termina erosionando el principio democrático de la participación y deslegitimando la democracia. Hay dosis altas de populismo en los partidos (algunos directamente populistas) que los conducen hacia el iliberalismo, socavando el principio de responsabilidad y debilitando la democracia (Olivas, 2021). Hay una erosión de la credibilidad y confianza en los partidos y los medios como actores fundamentales de intermediación en la política (Sánchez-Cuenca, 2022). Y esta erosión de la confianza y credibilidad tiene efectos negativos sobre la salud mental de quienes toman decisiones que nos afectan (Weinberg, 2023). Hay banalización y simplificación de las soluciones que desde la política y los medios se dan a los problemas complejos de la sociedad. Hay una creciente judicialización de la política y, si se me permite el juego, una cierta instrumentalización política de las instituciones de la justicia, algo nefasto, porque la separación estricta de poderes es una fuente de resiliencia de las democracias. Hay muchos problemas, pero, sobre todo, se está observando que hay una creciente polarización afectiva que lleva a la radicalización y a que personas de ideologías o partidos rivales prefieran no comunicar, argumentar o contrastar entre ellos sus posiciones sobre temas concretos (Torcal, 2023; Miller, 2023). Se rechazan mutuamente. Aunque en España puede que no se den con la misma intensidad que en otros países, estos problemas existen y, muy especialmente, la polarización afectiva.

La cuestión es: ¿crece la polarización afectiva en la ciudadanía porque nuestros políticos parecen estar todo el día a la greña y se traslada ese conflicto a la ciudadanía? ¿O la manifestación del conflicto entre los políticos en las instituciones de representación es un reflejo de la polarización de la sociedad? No sabemos qué fue primero, si el huevo o la gallina, y esto me preocupa menos que las consecuencias sobre la vida política.

Inevitablemente, cuando no se puede tener un debate público razonado porque el desprecio al rival lo inunda todo, la calidad de la democracia se resiente. Parece que la polarización afectiva reduce el nivel de tolerancia mutua que se requiere para el funcionamiento saludable de la democracia. Y esto implica que se achica también uno de los pilares de lo que Fishman (2021: 24) denomina "práctica democrática", la lógica y esperable interacción entre actores políticos dentro y fuera de las instituciones. Se sigue de aquí el riesgo de adentrarnos en la senda de una democracia centrífuga, inestable, en la que la pluralidad de la sociedad no es incorporada al comportamiento de unos políticos cada vez más adversariales (Lijphart, 1977: 114 y ss.).

En un texto titulado *In Defense of Polticians*, Medvic (2012: 124) explica el descontento con los políticos como el resultado de la combinación del diseño institucional de la democracia estadounidense y la triple trampa de las expectativas contradictorias y poco realistas que la ciudadanía tiene sobre los políticos: quieren que sean líderes para tomar las mejores decisiones, pero seguidores de los deseos de la ciudadanía; quieren que se orienten por principios, pero que al mismo tiempo sean capaces de alcanzar compromisos siendo pragmáticos; quieren que sean como la ciudadanía, como personas ordinarias, pero que sean mejores que los ciudadanos, como personas extraordinarias.

Medvic se centra en el caso de los Estados Unidos, pero no creo que cueste mucho hacer una traslación a otras democracias, con los matices debidos, y en particular al caso de España. Para este autor, la responsabilidad de la erosión de la política son el diseño de las instituciones y la sociedad (usted y yo, para entendernos). El problema de Medvic es que defiende tanto a los políticos (con razón algunas veces) que se olvida de meterlos en la ecuación que explica la erosión de la política democrática. Siendo cierta esta erosión, las personas que se dedican a la política tienen también una parte de responsabilidad, especialmente con lo que se ve en muchas ocasiones en las cámaras de representación y como ellas mismas reconocen, tal como se verá. Siguiendo la línea weberiana de Linz (2009a: 6 y 24), en este libro propongo una exploración alternativa que pone a las percepciones y acciones de los protagonistas de la política española en el centro de atención y observación.

Creo que es importante centrarnos en los representantes de la ciudadanía. Cierto es que una buena parte (alrededor de la mitad) son flores de una legislatura, aunque otros suelen estar varios periodos legislativos. Pero no es menos cierto que se trata de protagonistas de la política que tienen una trascendencia a veces poco reconocida: ocupan un escaño en una cámara de representación y toman decisiones que tienen un impacto en la vida de cada persona, de su familia, amistades y colegas de trabajo. Así se habrá visto en ocasiones con motivo de algunas leyes aprobadas en alguna cámara. Por ejemplo, las diferentes leyes de educación y las de reformas laborales, la ley de vivienda, la ley antitabaco, la ley conocida como del "solo sí es sí", la ley de memoria democrática, las de creación y regulación de colegios profesionales o las de creación de numerosas universidades que han facilitado oportunidades a muchos jóvenes. Creo que son leyes más o menos recientes que han tenido un impacto directo en la vida de muchas personas. Es decir, las decisiones de los representantes políticos en las instituciones de representación afectan a la vida de la ciudadanía.

Conocer esas decisiones y los esquemas cognitivos que las orientan nos ayuda, también, a valorar el grado de aprecio que se les tiene y el apego a las instituciones en las que nos sirven. Y esto puede ser visto como un paso para exigir que rindan cuentas en las elecciones, pero también durante la legislatura. Un político responsable no teme rendir cuentas a la ciudadanía ni entablar una escucha activa con ciudadanos individuales o con sus rivales. No teme a la práctica democrática inclusiva. Se trata de acciones básicas de la política en democracia.

Las personas que ocupan un escaño están ahí porque alguien las ha puesto en una lista electoral y la ciudadanía las ha votado. A veces no nos damos cuenta, pero los partidos, más en concreto sus "selectorados", son también responsables de lo que pasa en los parlamentos. Como dicen Levitsky y Ziblatt

(2018: 35), son los guardarraíles de la democracia al cribar a las personas que decidirán desde las instituciones. En consecuencia, tienen una responsabilidad crucial en el funcionamiento de las instituciones en democracia.

Quiero indicar tres prevenciones importantes para entender bien este libro. Primero, entiendo que la política es una actividad recorrida por los conflictos generados por brechas sociales inevitables en nuestras sociedades de capitalismo avanzado. Se parte de la asunción de que el conflicto forma parte de la naturaleza de la actividad política democrática. El conflicto político se puede visibilizar tanto en una protesta social (una manifestación) como en una moción de censura, por ejemplo. Tenemos instituciones que sirven para canalizar este conflicto y libertades para expresarlo de muchas maneras legales. No todo conflicto político se circunscribe a las instituciones de representación, aunque yo me centre en ellas en este estudio.

Pero también creo que es posible gestionar la gobernanza de la política en democracia sobre la base de principios elementales como el reconocimiento del derecho a ser escuchado, la legitimidad de las opciones políticas que, dentro del orden legal, derivan de la pluralidad, la concepción del otro como un rival, no como un enemigo a batir, y, en consecuencia, la necesidad de entender la política, también, como un juego de suma no cero, cooperativo, regido por la tolerancia mutua. De hecho, mi interés por estudiar los acuerdos en los parlamentos no obedece a una cuestión de normatividad, de opciones morales o preferencias políticas, sino a la necesidad de evidenciar que, siendo la política una actividad esencialmente conflictiva, también es cooperativa entre rivales. Se basa en lo que Sartori (1987: 290) llamó una "*concordia discors*, un consenso en el que se disiente". La crispación creciente que se vive a finales de 2023 (como la vivida en otros periodos) llama a la necesidad del diálogo para la práctica democrática.

Este relato no trata de ensalzar el acuerdo o el consenso como instrumento político. De hecho, puede considerarse que uno de los efectos negativos del acuerdo es erosionar las democracias al generar en la ciudadanía una percepción de equivalencia funcional entre partidos rivales que se expresa en la frase siguiente: da igual un partido que otro, todos son iguales. Esta percepción puede generar las condiciones para la emergencia de todo tipo de populismos iliberales, cuyo predicamento electoral puede conducir finalmente al debilitamiento de la democracia, ya afectada por la erosión de los procesos de intermediación (partidos y medios) analizados por Sánchez-Cuenca (2022). No, este texto no ensalza el acuerdo o el consenso, sino que trata de ofrecer algunas evidencias que invitan a explorar la paradoja que se desarrolla en el primer capítulo: la creciente visibilización de las múltiples manifestaciones del conflicto en las instituciones de representación se combina con un elevado grado de acuerdo (o coincidencia) a la hora de aprobar leyes en los parlamentos españoles.

Segundo, el nivel de conflictividad visible y teatralizado en la política española tiene responsables concretos. A falta de un buen análisis que se realizará en el futuro con los datos disponibles, solo puedo decir que las intuiciones pueden responsabilizar a unos u otros en función de los sesgos de cada cual. Es un tema en el que no entro en este libro. Como se sugiere en el apartado "Cara y espalda", me interesa menos indagar sobre la culpabilidad de algunos actores políticos que sobre las percepciones que sus responsables tienen de la teatralización, sus consecuencias y las posibles soluciones. La atribución de responsabilidades, siendo importante, la dejo para otras investigaciones.

La tercera aclaración tiene que ver con el lenguaje. Por convicción antigua, se ha intentado utilizar un lenguaje inclusivo que evite el desdoblamiento de género para facilitar la lectura. Cuando no ha sido posible, se ha utilizado el genérico masculino. Quede constancia de que cuando se usa el género masculino para referirse al conjunto de personas de ambos sexos se entiende que tal denominación engloba al género masculino y al femenino.

PLAN DE LA OBRA

El argumento que se despliega en este libro es el siguiente: percibimos la faceta conflictiva de la política, pero solemos desconocer que en la política parlamentaria existe una cooperación intensa en la aprobación de leyes. Esta cooperación suele quedar oculta tras la espectacularidad y visibilidad de la manifestación del conflicto político entre rivales que se sustenta en una serie de comportamientos públicos y generalmente colectivos que van desde los gritos a la violencia simbólica (y, a veces, no solo simbólica) pasando por un repertorio del que no están ausentes los insultos, exabruptos, burlas, abucheos, aspavientos, acusaciones, *zascas*, insidias, amenazas y otros.

La teatralización es un fenómeno que capta el contraste entre esa manifestación del conflicto y la cooperación en la acción política más relevante de los parlamentos: la legislativa. La teatralización no ocurre durante el desarrollo de la política invisible (en ponencias y comisiones), sino en los escenarios de la política visible y cuando hay exposición a medios de comunicación. Se refuerza por la disociación que se suele hacer entre la persona y su papel como representante político, reflejo de una creciente profesionalización de la política. Ocurre cuando se tratan ciertos temas que afectan a las creencias nucleares de un grupo, cuando hay elecciones cerca, en un escenario de multipartidismo con competición intra- e interbloques y para marcar un territorio ideológico de cara a un electorado cuya posible reacción se tiene bien presente. Los propios protagonistas perciben que la teatralización desborda las fronteras de los parlamentos y se infiltra en la sociedad generando efectos que erosionan la democracia: radicalización, polarización afectiva, desafección, desprestigio de la política, desconfianza, falta de credibilidad o riesgo de violencia de intensidad variada.

Este argumento se desarrolla en las tres partes invisibles en que está dividido el libro. La primera se encarga de asentar la paradoja que se quiere explorar. En el primer capítulo se presentan los datos que permiten contrastar una percepción de la arena política recorrida por una alta conflictividad expresada en crispación frente a un elevado grado de inclusión de los rivales a la hora de construir acuerdos para aprobar leyes en los parlamentos. La política visible frente a la política invisible permite plantear el interrogante que guía el estudio y el fenómeno que se sugiere explorar: la teatralización. El segundo capítulo enmarca esta paradoja reflexionando acerca de la doble naturaleza de la política en democracia (conflicto y cooperación) y presentando datos acerca de cómo perciben sus señorías esta naturaleza.

La segunda parte del libro comienza con el capítulo tercero, donde se analiza la teatralización de la política. Parte de la perspectiva dramatúrgica en las ciencias sociales para hacer emerger una faceta doble: la teatralización cuando se acata la disciplina de partido y la teatralización cuando se actúa *para* y *frente* a una audiencia. Ahí es donde se destaca la idea de que el oficio de político suele esconder una faceta cooperativa, dialogante pero no necesariamente exenta de una visibilización del conflicto político que adopta formas diversas. Este capítulo da pie al análisis de la teatralización como un ritual, parándose en los factores que propician su existencia. En los capítulos cuatro y cinco se estudian los plenos, los temas que se tratan, la presencia de público y medios de comunicación, la espectacularización de la política y lo que todo político mira por el rabillo del ojo, especialmente durante los largos periodos electorales en España: el comportamiento del electorado o, mejor dicho, la percepción de las posibles reacciones del electorado, especialmente de las parroquias respectivas. Se estudian las percepciones que tienen los parlamentarios sobre cómo estos factores promueven una teatralización de la política.

El último capítulo ocupa la tercera parte del libro. En él se combinan dos aspectos. Por un lado, se analizan las percepciones que tienen los políticos sobre las consecuencias de la teatralización. Ahí se trata la violencia, desapego, desafección, hartazgo ciudadano, falta de credibilidad de los políticos, polarización, radicalización, desconfianza. Se trata de consecuencias graves que erosionan el funcionamiento de la democracia. Por otro lado, se intentan aportar algunas iniciativas que pueden ayudar a mitigar estos efectos: la potenciación de las relaciones humanas (el conocimiento personal del rival), una mayor pedagogía de lo que se hace en los parlamentos, dar a conocer mejor la política invisible, aceptar la pluralidad política (tolerancia mutua) como algo natural sin que eso lleve a una crispación en los parlamentos, asumir la legitimidad de los rivales, potenciar la autoridad de las presidencias de las cámaras a través de acuerdos implícitos, mejorar la selección de candidatos incorporando el cruce de círculos sociales. Se trata solo de algunas ideas para pensar. El libro concluye con un anexo metodológico en el que se da cuenta de cómo se ha hecho el estudio.

AGRADECIMIENTOS

Un libro como este no se puede escribir sin la ayuda de un grupo de académicos con el que mantengo una deuda de gratitud. En primer lugar, agradezco a Antonio M. Jaime-Castillo su continuo apoyo y ayuda a lo largo de los años, además de su muy preciada amistad y la revisión de algunos capítulos de este libro. Antonio ha sido determinante para cambiar algunos puntos de vista iniciales y para dotar de sentido estadístico al análisis de los muchos datos en los que se basa el estudio del que sale este libro. Su amistad, además, ha hecho más fácil el encaje de su siempre amable y certera crítica.

Leonardo Sánchez-Ferrer ha estado atento a multitud de frentes investigadores y sin su realismo, sentido común y siempre buena disposición todo habría sido mucho más difícil. Su ejemplo muestra también que se puede ser colega y amigo al mismo tiempo. Le agradezco mucho sus sensatos comentarios al manuscrito final.

Beatriz Carrasco ha hecho un trabajo formidable coordinando y ejecutando la búsqueda de datos con la que hemos podido completar la base de datos Badeley que recoge las (de momento) 9.785 leyes aprobadas en las cámaras españolas, con sus comisiones de tramitación, tipo, votos y otras variables. Las muchas horas dedicadas a este proyecto solo pueden ser recompensadas con un futuro brillante. El trabajo de Beatriz se ha asentado en tareas previas de recolección emprendidas por el autor y una pléyade de colaboradores de la Universidad de Barcelona, Georgetown University, Universidad Pablo de Olavide (UPO) y UNED, cuyo reconocimiento queda explícito en el repositorio Zenodo[2].

Carles Pàmies, alias Chals o, ahora, Dr. Chals, ha sido un técnico sensato y eficiente, dedicado e implicado en la resolución de los múltiples problemas encontrados y sin cuyo concurso no habría sido posible obtener una buena parte de los datos en los que se basa este estudio. Su maestría en la organización y ejecución de la tercera encuesta a parlamentarios, además de la coordinación de tareas múltiples, ha superado con creces las expectativas. Su creatividad académica y organizativa ha multiplicado los (creo) buenos resultados de este estudio.

Andrés Benítez y Pablo Domínguez han sido como las semillas investigadoras plantadas en su día en la UPO. Florecen como académicos jóvenes a la espera de que sus tesis doctorales tengan el éxito que merecen. Sus contribuciones en varias bases de datos (entrevistas, encuesta, Bapoldata, Badeley, Bacontexto)[3] y sus iniciativas han sido cruciales para el éxito de este proyecto. Andrés, además, ha ayudado en varias ocasiones con NVivo y con aspectos puntuales de la investigación para este libro, algo que le agradezco. Pablo ha construido y facilitado datos relevantes para este estudio.

Adrián del Río fue mi primer alumno en la UPO y es el vivo ejemplo del orgullo que un profesor puede tener por sus

2. Puede consultarse en https://zenodo.org/records/7820758.
3. Las bases de datos Badeley, Bacontexto, Bapoldata y los resultados de la tercera encuesta a parlamentarios están registradas como archivos digitales en *blockchain* en las redes Minchain, Alastria y Ethereum, y depositadas en el repositorio Zenodo (véase Coller *et al.*, 2022, 2023a y 2023b). Agradezco a Sixto Jansa y a Félix de Alba, ambos de la OTRI de la UNED, sus orientaciones para este registro.

alumnos, por mucho que estos vuelen libres e independientes, como creo que debe ser. Adrián ha aportado algunas claves técnicas que han permitido avanzar en la organización de los datos y su análisis.

Sandra Bermúdez, Fabiola Mota y Andrés Santana, con quien mantengo una larga y fructífera colaboración intermitente, han participado en capacidades diversas, siempre con atención y contribuyendo al bien común en las numerosas reuniones semanales del equipo. Sergio Pérez, Elena Rodríguez Rojo y Manuel Portillo asomaron la nariz por algunas reuniones y ayudaron en la realización de algunas entrevistas. Jean Baptiste Harguindéguy ha ido mucho más allá de la colaboración inicial ayudando en la gestión y el cierre de uno de los proyectos. Sin su concurso no habría sido posible. Su amistad y la de su familia (Elena, Etienne, Chloé) me honran.

Por último, Fernando Martínez, sin saberlo, ha ayudado a poner orden en algunas ideas navegando conjuntamente por un TFM sobre el caso de Valencia.

Este equipo ha podido trabajar con solvencia gracias a diversas ayudas públicas competitivas de instituciones a las que agradezco su concurso: Ministerio de Ciencia y Tecnología, Ministerio de Economía y Competitividad, Junta de Andalucía, Ministerio de Ciencia, Innovación y Universidades y la UNED[4]. Agradezco también a los servicios de documentación y biblioteca de las 19 cámaras su ayuda con las informaciones necesarias para nutrir estos proyectos de manera siempre amable y eficaz.

4. El estudio del conflicto y el consenso con el análisis de las leyes comenzó con el proyecto competitivo "Conflicto y consenso parlamentario. El caso de la España de las autonomías (1980-2010)" (CSO2008-02525), patrocinado por el Plan Nacional del entonces Ministerio de Ciencia y Tecnología. Se han utilizado datos de dos proyectos competitivos adicionales. Por un lado, del estudio "Parlamentarios y sociedad" (CSO2012-32564), subvencionado por el Plan Nacional del entonces Ministerio de Economía y Competitividad. Por otro lado, el estudio "El conflicto en la política española (1980-2018). El nuevo escenario de Andalucía en perspectiva comparada" (P18-RT-5234), subvencionado por la Junta de Andalucía. Una parte importante de las evidencias en las que se basa este libro provienen del estudio "La construcción social del consenso en entornos políticos multipartidistas" (PID2019-108667GB-I00), patrocinado por el Plan Nacional del Ministerio de Ciencia, Innovación y Universidades en convocatoria pública competitiva.

Además de este equipo de lujo, quiero agradecer su ayuda a los asistentes y, sobre todo, a los organizadores de varios encuentros académicos en los que se han podido poner a prueba algunas ideas de este estudio. Se agradece a Carmen González, Manuel Alcántara, Joan Botella y Manuel Villoria su apoyo cabal. A Edurne Bartolomé, Carmelo Moreno y Marta Fraile les agradezco su escucha atenta, al igual que a Sandra León, Ignacio Sánchez-Cuenca (a quien, además, le agradezco el prólogo), Belén Barreiro, Luis Miller, Leonardo Sánchez-Ferrer y Joanmi Rafet. A Mariano Torcal le debo una amistad prolongada, buenos consejos y que me corrigiera el rumbo para la medición del acuerdo político en una presentación virtual organizada por Manuel Alcántara en la Universidad de Salamanca. Su revisión crítica del manuscrito final ha sido muy útil y certera. Probablemente, ni se imagina lo mucho que me ha ayudado y la magnitud de mi deuda de gratitud con él.

Roberto Garvía ha leído y corregido versiones tempranas de este manuscrito. Su generosidad intelectual, así como su amistad y paciencia, son ilimitadas y le agradezco el apoyo y la comprensión en muchos momentos, algunos difíciles, durante todos estos años, tantos, que ni me acuerdo de cómo ni cuándo comenzaron. Robert Fishman ha proveído de un buen número de ideas con sus comentarios, sugerencias y matices a un manuscrito temprano. Es un lujo tenerlo además como amigo. A Álvaro Santana-Acuña le agradezco que me pusiera en la pista de la dimensión histórica de la teatralización de la política. Andrés Villena leyó y comentó atentamente partes del manuscrito inacabado. Mónica Méndez facilitó unos datos incluidos *in extremis*. A José María Codes le agradezco sus comentarios y respuestas siempre atinadas ante mis preguntas técnicas intempestivas. Modesto Escobar ayudó siempre con mis consultas técnicas. Pau Marí-Klose (quien también hizo comentarios enriquecedores al manuscrito), Valentina Martínez y Enric Bataller ayudaron en la obtención de datos y sus conversaciones políticas (también con Carmen Pomar) permitieron ajustar algunas ideas confusas. Siempre estuvieron atentos a mis necesidades para progresar en este estudio. A Margarita Bufalá, Manuel Filgueira y Montse Gigirey les agradezco sus ideas sobre la integración práctica de los extraños, los diferentes, en las escuelas y las empresas.

Agradezco mucho también a varios académicos las reflexiones que me han ayudado a entender mejor el caso de España en perspectiva comparada con Italia, Portugal, Gran Bretaña, Suecia, Canadá: Leonardo Morlino, André Freire, Cristina Leston-Bandeira, Patrik Öhberg, Alex Marland y también los ánimos de Víctor Lapuente.

Mis compañeros del Departamento de Ciencia Política y de la Administración de la UNED han sido creativos, amables, respetuosos, animosos y colaboradores. Por eso hice bien en optar por venir y quedarme en la UNED. Gracias especiales por el esfuerzo comentarista a Carmen González, Salvador Parrado, Luis Ramiro, Paloma Aguilar, Sandra Bermúdez y Antonio M. Jaime-Castillo. Gracias a ellos este texto es mucho mejor de lo que era al principio. Gracias también a Marga Gómez-Reino, Jesús de Andrés, José Ignacio Torreblanca, Beatriz Tomé y Rubén Ruiz por la compañía, y a César Colino y Rafael Leonisio por compartir asignaturas. Mi gratitud al resto por hacer un departamento vivible.

En la editorial Los Libros de la Catarata, Mercè Rivas y Arantza Chivite han sido dos editoras comprensivas, consideradas y profesionales. Les agradezco mucho la confianza que han tenido en este proyecto, su magnífica labor editorial y los ánimos insuflados con sus comentarios positivos al manuscrito. Así da gusto trabajar.

Quedo muy agradecido también con Marc López Plana, editor de *Agenda Pública*, Lola Delgado, editora de *The Conversation*, Jordi Gracia y José Andrés Rojo, de *El País*, Javier del Pino, de la Cadena Ser, por haberse interesado y haber permitido discutir y difundir algunos datos preliminares de este trabajo en sus plataformas respectivas. A Juanjo Millás le agradezco el interés, la sorpresa, la mención en las ondas y un intercambio epistolar electrónico breve: ciertamente, nada es lo que parece.

Debe advertirse que, aunque este texto ha mejorado gracias a las muchas ayudas recibidas, los errores son solo responsabilidad del autor.

En el plano personal agradezco a varias personas que, a veces sin saberlo, han ayudado a generar la estabilidad emocional suficiente para que pudiera seguir trabajando en este texto. Borja Múgica, Alejandro Sánchez Prieto y Mercedes Amorós me dieron consejos para estabilizar una situación personal complicada felizmente superada gracias, en parte también, a los paseos otoñales con Carmen y, a veces, con Nacho y Kattya. A ello contribuyó, también, la escucha siempre atenta, cariñosa y simpática de Mar y Rocío Terán (con Juan J. Linz en la memoria), dos referentes en mi universo privado. Ritama Muñoz-Rojas salpicó de invitaciones el periodo de escritura. Rafa Ruiz y Diego Lara pusieron más arte en mi vida, al lado del que ya pintaron los pinceles de amistad inquebrantable de Antonio Gadea e Iris Amaya (con Mateo) y también de Paco (el Simón), Ximo y Nieves, Enric y Miriam. Luis Ortiz, con un simple correo electrónico, iluminó el periodo oscuro en el que se inició la escritura de este libro. Gracias también por estar ahí apoyando a Guillermo y Pili (con Gala), Antonio y Bea (con los ya muy grandes Víctor y Dani), Manuel y Pilar y Manuel y Laura (cada uno con sus vástagos), Mariano y Emily (con Ernesto recién llegado), Guillermo y Joaquín, los *wasaps* empáticos de Amaya, el gran Max con Jesús y Ching, Juan Luis y Ana, Juan y Marie Therese, Julia y Robert, Juan Ignacio y Rebeca (con Juan y casi Max), Rosamari y Fernando (y familia), Julio y Ana (en los caminos del Camino), Pau y Marga, José Antonio y Cristina, los *Ri* (Pepa, Adela, Andrés y el malogrado Manuel), a quienes casi veo tras muchos años, los *Marnícolas*, los papás y mamás de *La Cuadrilla*, los del Benjamín B de baloncesto, y los de tercero A y aledaños, especialmente a José *Lito* y Nadia (con Ale), Manu *Sam Slade* y Montse (con Roi), César y Elena (con Nora), Eduardo y Maribel (con Claudia), Paula (también con Lucas), Lucía (con Daniel), Chema e Isa (con Leo), Nike y Jorge (con Marco), Javier y Raquel (con Martín), Javier y Laura (con Matías), y José María *Tao* y Cristina (con José), con cuyas conversaciones me he animado y aprendido a intentar ser un mejor padre.

La entrega del manuscrito se hizo en el día estadounidense de Acción de Gracias de 2023 y con Alina, Nick, Lia y George lo celebramos a la hispanoitaliana. Tuvimos a Felicitas y a Joseph, a Michele y a Sue, y a la *troupe* del Addulis café bien presentes. Con Jacinto y Amparo, los del *Turmalé*, sigo pedaleando ficticia y ferozmente cada verano por los Pirineos con el Tour. Sus ánimos, *malgré la santé*, son imprescindibles.

Por último, mi familia siempre ha estado ahí y les agradezco los muchos buenos momentos, el apoyo inquebrantable y la alegría en cualquier circunstancia: Lucas, Lola, Nacho, Berta, Mateu, Pruden y Amparo y Susana, y el resto de los Coller, los Rubio (donde quiera que estén), los muchos Porta, y los Sales (*chatitos* incluidos). Por último, este libro está dedicado a Lucas Coller, mi hijo, el centro de mi universo privado. Su existencia me ayuda a intentar ser mejor persona. Sus abrazos y cariño diario me dan la vida.

Muchas gracias a todos.

LA PARADOJA

El conflicto es una parte tan sustancial de la política democrática como el acuerdo o la cooperación. No se puede gobernar una sociedad desde el conflicto permanente ni tampoco esperando que la colaboración entre rivales sea perpetua. Ambos fenómenos son como las dos caras de una misma moneda que se podría denominar "gobernanza de la política". Si estiramos esa moneda hasta convertirla en un hilo de cobre, en un extremo tenemos el polo del acuerdo y en el otro, el polo del conflicto. Ambos son compatibles, pero hay sociedades en las que el clima político se aproxima más a un polo que a otro en diferentes momentos históricos. Piénsese en la Europa de entreguerras o la del periodo conocido como el "capitalismo de consenso" que abarca desde la posguerra hasta los años setenta con la crisis del petróleo. O la España de 1936 y la de 1978.

En cualquier democracia es esperable cierto grado de conflicto entre los actores principales, pero también cierto grado de acuerdo, aunque solo sea para fijar las normas que canalicen la discrepancia[5]. El conflicto político se puede evidenciar de

5. Sartori (1987: 90-91), uno de los grandes estudiosos de la democracia, lo llamaba "consenso procedimental" (sobre el tipo de régimen) que, junto al "consenso social o comunitario" (principios básicos compartidos), facilita la democracia. Pero es el tercer tipo de "consenso", el que hace referencia a las políticas públicas, el que genera el escenario para el disenso, el conflicto, desde un punto de vista de la pluralidad y diversidad de puntos de vista. Esto genera un escenario de disenso pluralista.

múltiples maneras fuera de las instituciones. Una manifestación contra el Gobierno o una concentración frente a la sede de un partido son expresiones visibles de un conflicto político que tiene lugar en las calles. En este trabajo nos centramos en las instituciones de representación. En democracia, el escenario más relevante en el que el acuerdo y el conflicto político se expresan y canalizan institucionalmente es el de los parlamentos.

En este capítulo se presentan los datos que conducen a la paradoja que se intenta explorar: la percepción dominante del conflicto político entre rivales contrasta con la intensa colaboración que existe en los parlamentos. Mientras la expresión del conflicto es altamente visible en medios, percibida por la ciudadanía y mostrada en encuestas, la cooperación en los parlamentos es menos conocida. Para analizar esta cooperación propongo centrarnos en la actividad legislativa, una de las más importantes de cualquier cámara de representación. Tras revisar someramente el procedimiento legislativo, se presentan los datos que muestran que los rivales cooperan con frecuencia para hacer leyes, pero más en unas cámaras que en otras y más en unos periodos que en otros. El contraste entre la gobernanza cooperativa de la política parlamentaria y la visibilización del conflicto conduce nuestra atención hacia la teatralización de la política.

CONFLICTO

Si en una encuesta preguntan acerca de si la política española de comienzos del siglo XXI tiende más hacia la cooperación y el acuerdo entre rivales o hacia el conflicto y el desacuerdo, es bastante probable que la mayor parte elija la segunda opción. Muy probablemente, la respuesta a esa pregunta evoque los insultos, gritos, burlas, trifulcas, exabruptos, abucheos, ofensas, acusaciones, algaradas, insidias, *zascas*, amenazas, violencia (simbólica y no tanto), que hemos visto en múltiples ocasiones en los debates parlamentarios que suelen reflejarse en los medios de comunicación. Quizá ha presenciado alguna trifulca en persona o en las redes sociales o en alguna pantalla de televisión. Si no, cualquier persona puede dirigirse a algún buscador de internet y teclear "insultos en el Congreso" o "*zascas* en el Congreso" y obtendrá una buena muestra[6]. Estos episodios poco edificantes en los parlamentos son una parte muy visible del iceberg de la política en España. Así lo narra una protagonista:

> Cuando están hablando los diputados en el atril, cuando están defendiendo las posiciones de los distintos grupos parlamentarios, por detrás también hay mucha greña que no sale en los medios de comunicación, y hay mucho insulto, que a mí me sorprendió mucho. Yo pensaba que eso no pasaba. [...] Cuando llegué al Parlamento, yo pensaba que cuando estaban los compañeros hablando, fuese de la formación que fuese, se le escuchaba, y se le prestaba atención, y se tomaban notas [...]. Claro, yo llegué allí, yo escribiéndolo todo, intentando pillar onda de todo para luego poder contestar mejor, y no. [...] La cámara enfoca solo a la persona que está hablando, y por detrás hay un murmullo del resto de grupos parlamentarios, de parlamentarios de la posición contraria a la tuya, que muchas veces se ha llegado casi a las manos. [...] A los dos meses de yo llegar al Parlamento [...] casi, casi se llega a las manos entre parlamentarios porque había un compañero defendiendo la posición de su grupo y los que defendían la posición contraria, pues se llega a unos niveles de insulto y a niveles de crispación, que muchas veces es difícil sostener (AND2114).

Esta percepción del conflicto en la política no es una visión aislada entre parlamentarios. En febrero de 2020, el Centro de Investigaciones Sociológicas (Estudio 3273) preguntó sobre el

6. Se pueden ver algunos ejemplos en las piezas publicadas por Piña (2018) en *El Mundo*, Del Rey (2022) en el *Heraldo de Aragón* o López de Miguel (2022) en *El Confidencial*. La Cadena Ser (y otros medios) se hacían eco de un episodio de amenazas en https://bitly.ws/33Vj3. Fiter (2023) para *El Español* (y también recogido por otros medios) refleja un episodio de violencia (en la capital de España). Estas piezas son solo una muestra. Esto de la trifulca parlamentaria no es privativo de España (Crewe, 2015: 1-3; Ilie, 2004; LaPalombara, 1987: 113).

grado de crispación existente en la política española. Más de la mitad (54%) respondía que había mucha y un tercio (35%) que había bastante; es decir, 9 de cada 10 personas percibían que la política española se caracterizaba por un estado de ánimo crispado. La intensidad de la crispación era tal que esta situación le preocupaba mucho o bastante a tres cuartas partes de la ciudadanía (74%) y 8 de cada 10 españoles (81%) creía que se debería hacer algo para reducirla.

Es probable que cuando se percibe que la política está crispada y que sus actores principales andan siempre a la greña, los políticos, sus partidos y las instituciones que ocupan también se perciban como un problema. El barómetro de octubre de 2023 realizado por el CIS (Estudio 3423) pregunta sobre los problemas principales que hay en España[7]. Las respuestas son elocuentes. "Los problemas políticos en general" (19%) es la primera opción elegida por la ciudadanía, seguida a cierta distancia de "la crisis económica, los problemas de índole económica" (13%). El cuarto problema percibido, después de "el paro" (9%), es "el mal comportamiento de los políticos" (8%), seguido de "el Gobierno o partidos o políticos concretos" (8%) y "la falta de acuerdos, unidad y capacidad de colaboración; situación e inestabilidad política" (5%). Si se unifican los problemas asociados a la política, se obtiene que 4 de cada 10 españoles (40%) entiende que la política se ha convertido en un problema, y casi 1 de cada 10 entiende que los políticos tienen un mal comportamiento[8].

Esta percepción del conflicto y de la política como un problema puede que no sea un reflejo del desinterés por la política ya que, según el CIS (Estudio 3424), 6 de cada 10 españoles

7. El Estudio 3423 se puede consultar en https://bitly.ws/36rzd.
8. La política como problema se observaba ya en el barómetro del Centro de Investigaciones Sociológicas de marzo de 2023 (Estudio 3395). Esta encuesta muestra que la política, los políticos, el Gobierno y los partidos aparecen como el primer problema importante para un tercio de la ciudadanía (32%), casi el doble de las personas que piensan que el problema principal tiene una raíz económica y el triple de las que perciben que es el paro. El estudio se puede consultar en https://bitly.ws/33Vpe. Ya en 2012 había datos que apuntaban que los políticos eran percibidos como el tercer problema para la ciudadanía: https://bitly.ws/33Vpo.

(60%) se interesan mucho o bastante por las cuestiones políticas. La Encuesta Social Europea de mayo de 2023 (ronda 10) sitúa el interés de los españoles por la política en el 43%, por debajo de la media. Una diferencia similar se observa para otros años anteriores, con niveles de interés alrededor del 40%.

Ciertamente, la percepción que los españoles tenemos de la política no es buena y es fácil suponer que esto redunda en una muy baja confianza hacia los actores principales. La Encuesta Social Europea de 2023 incluye una pregunta sobre la confianza en varios actores que las personas encuestadas ubican en una escala de 0 a 10 donde 0 es "ninguna confianza" y 10 "confianza total". Para España, la media de confianza en el Parlamento es de 4,08. La confianza en los políticos es de 2,55 y en los partidos políticos es de 2,49. España puntúa en confianza en los actores principales de la política por debajo de Austria, Suiza, Alemania, Dinamarca, Finlandia, Estonia, Bélgica o Chequia, y a un nivel similar a Bulgaria o Chipre. En el mencionado Estudio 3424 del CIS, en una escala similar, pero de 1 a 10, la confianza en los partidos es del 3,8 y en el Parlamento es de 4,35.

Naturalmente, la percepción de crispación política varía con el tiempo y las circunstancias[9], pero a falta de otros indicadores nos quedamos con la idea de que la ciudadanía percibe crispación en la política en los últimos tiempos y también que la política y sus actores son un problema. Estas percepciones pueden ser reflejo de la bronca entre políticos que se visualiza en los parlamentos. Tres notables analistas (Torcal, 2023: 122; Miller, 2023: 177 y ss.; Orriols, 2023: 133) sugieren que las interacciones entre las élites políticas, sus discursos, debates, disputas traspasan las fronteras de las cámaras generando una creciente polarización afectiva en la ciudadanía, aunque otra notable académica revierte la causalidad y sugiere que la polarización social dirige a la confrontación entre rivales políticos

9. Por ejemplo, Maravall (2008: 89-122) ubica los momentos de mayor crispación política cuando el PP no gobierna o pierde las elecciones e identifica tal crispación como una estrategia diseñada y ejecutada para alcanzar el poder contando con aliados externos a la política (judicatura, medios de comunicación).

(León, 2023: 11)[10]. Dos protagonistas de la política autonómica reflejan estas posturas, aunque a estas alturas del libro creo que no importa el orden, hay conflicto visible entre los representantes políticos y este tiene un reflejo en la sociedad:

Yo creo que hay conflictos que no existen en la población, que los generan los políticos, que al final [...] terminan cayendo sobre la población. Los responsables somos los políticos de que ese conflicto pase a la población cuando es un conflicto que *a priori* no existía en la población ni era un problema que la población manifestase como urgente, sino que es un problema que el político ha generado como urgente (GAL23163).

¿Va antes el huevo o la gallina? ¿La sociedad busca la confrontación, consume confrontación y por eso los medios venden confrontación? ¿O todo lo contrario? (AND1113).

Muy probablemente, una de las entrevistadas tenía su parte de razón al entender que políticos y sociedad interactúan para reproducir conflictos, aunque a veces se perciba que algunos políticos intensifiquen los conflictos para tener sus cinco minutos de gloria:

Al final, la sociedad es un espejo de la clase política, o viceversa. Si la ciudadanía percibe que su clase política está a la greña, está en conflicto, en la que predomina el conflicto sobre el acuerdo, pues evidentemente, yo creo que eso se traslada de alguna manera a la ciudadanía. Y también si, por otro lado, la ciudadanía está especialmente más crispada porque hay una crisis social o económica, porque la pandemia ha hecho mucho daño, ha hecho mucha mella en muchos sectores, pues evidentemente, ese conflicto social también se traslada a la clase política y también eso se visualiza en determinados debates. [...] Así que yo creo que ahí [...] hay una actuación bidireccional de unos a otros, de la ciudadanía a la clase política y viceversa, y que no somos más unos que espejo de los

10. Analizando la composición de las Cortes de la Segunda República española, Linz (1972) sugería que su elevada conflictividad no facilitaba el acuerdo y la cooperación entre rivales.

otros. ¿Qué viene primero? Pues, no sabría decirte, pero que hay una correa de transmisiones [es] evidente (VAL23161).

[...] Tengo dudas de si lo que hacemos es exponer la propia tensión social o generarla. Y creo que no hay una línea que lo cierre, es un círculo. Es un círculo. Muchas veces, donde hay conflicto social, los políticos explotamos ese conflicto social para tener ese minuto de gloria. Tal cual [...] (NAV11241).

Los actores principales de esta situación se alinean con la ciudadanía al percibir que la política en España es conflictiva. Estos actores principales son las personas que ocupan alguno de los 1828 escaños en alguna de las 19 cámaras de representación en las 17 autonomías, el Congreso y el Senado. En una encuesta reciente se preguntó a una muestra de parlamentarios acerca del clima político en el Congreso y en las cámaras de sus comunidades respectivas[11]. Se les pidió que indicaran si entendían que la política tiende más hacia el acuerdo entre rivales o hacia el conflicto. Se les ofreció una escala de 0 (acuerdo) a 10 (conflicto). Por término medio, sus señorías ubican el clima político en el Congreso en un 7 y en un 6 en las autonomías. Es decir, claramente, los propios parlamentarios perciben que la política en España tiene un componente conflictivo importante. Un dato refuerza esta idea: 7 de cada 10 representantes (69%) se ubican entre el 7 y el 10 en esa escala para el Congreso, mientras que casi la mitad (46%) está en esas posiciones de la escala para las autonomías.

Como es de esperar hay diferencias por partidos, pero no tantas como para hacer una interpretación partidista de las percepciones. Los diputados que tienden a ponerse con menos frecuencia en el polo de la percepción del conflicto en el Congreso

11. La encuesta se realizó entre 2022 y 2023 en el marco de la Comparative Candidates Survey, gracias al proyecto "La construcción social del consenso en entornos políticos multipartidistas" (PID2019-108667GB-I00). Puede encontrar más información sobre la encuesta, sus resultados y el equipo que la realizó en https://consenso.uned.es/. En el anexo metodológico se dan más detalles.

son los del PSOE (57%) y los del PP (69%), que tienen también un contingente no menor de personas que se ubican en la zona templada de la escala (32% y 27%, respectivamente, en los valores 4-6 de la escala). Los del resto de partidos tienden a posicionarse mayoritariamente en el polo de los que entienden que la política en el Congreso es muy conflictiva (alrededor del 80%).

El matiz proviene de la política autonómica. Casi la mitad (46%) percibe la política de su autonomía como muy conflictiva (posiciones 7-10), mientras que un tercio (37%) se ubica en la zona intermedia (posiciones 4-6), pero no en el polo de la cooperación. Hay algunas diferencias entre partidos. Mientras los representantes de PNV y ERC (21% y 29%) son los que menos tienden a percibir la política autonómica en el polo del conflicto, casi la mitad de los parlamentarios del PP, PSOE y otros partidos de izquierda (46%, 43% y 44%, respectivamente) se inclinan a pensar que la política es esencialmente conflicto. En el resto de los partidos, más de la mitad se ubican en las posiciones más próximas al polo de la percepción del conflicto. Esto sugiere que los partidos que tienen experiencia de gobierno, y quizá por eso mismo, tienen una percepción pragmática de la política en la que hay más espacio para el acuerdo y la cooperación.

Hasta aquí el diagnóstico en el que creo que se puede coincidir: la percepción de la política como una arena conflictiva se sobrepone a la percepción de la cooperación, del acuerdo en la gestión de la política en España.

COLABORAR

Percibimos el conflicto en la política con mucha facilidad y eso es normal, puesto que su representación y escenificación resultan más atractivas para los medios, instrumental para los seguidores más fanáticos en las redes sociales, confirmatorio de las opiniones que podamos tener de los rivales. Para algunas personas puede resultar hasta entretenido observar cómo se faltan el respeto los diputados rivales en la tribuna parlamentaria. Sin embargo, suele pasar desapercibido el hecho de que esos mismos diputados suelen acordar en sus cámaras el apoyo a diferentes iniciativas legislativas. En este libro propongo que nos centremos en las leyes. Voy a intentar mostrar que la colaboración entre rivales políticos a la hora de ponerse de acuerdo y sacar adelante una ley es más frecuente de lo que probablemente se conoce. De hecho, voy a mostrar que es más frecuente la colaboración y el acuerdo que el disenso y el conflicto. Nada es lo que parece.

Hay varios motivos por los que los acuerdos pasan desapercibidos. Además del poco eco que suelen recibir en los medios, los propios parlamentarios, por estrategia política, suelen esconder tales acuerdos en sus momentos de máxima exposición pública para resaltar y visibilizar los aspectos "oposicionales" del proceso de construcción del acuerdo. Un diputado concretó de la manera siguiente la idea de que incluso, cuando hay acuerdos, se dramatizan las diferencias:

> Sí que es verdad que igual en la negociación puede ir todo bien y luego a cada partido político le interesa resaltar su mensaje, y unos partidos más que otros salen a la tribuna con mensajes que yo considero que son peligrosos y eso, al final, alimenta a la ciudadanía (PVA24137).

Cualquier democracia se caracteriza por la pluralidad de posiciones, intereses, objetivos, puntos de vista, que son canalizados institucionalmente en los parlamentos a través de unos representantes elegidos por la ciudadanía de entre los propuestos por los partidos políticos. Es ampliamente reconocido que los partidos políticos son el invento más funcional (hasta la fecha, al menos) para canalizar y organizar esta pluralidad de intereses, de manera tal que Linz (2007: 237), el más relevante estudioso español de la democracia, concluyó que sin partidos políticos no es posible la democracia en sociedades avanzadas. Nuestra Constitución les reserva un papel estelar en su artículo 6, al igual que otras constituciones europeas como, por ejemplo, las de Italia, Portugal, Alemania o Francia. Los partidos aspiran a gobernar o a obtener cuantos más representantes en las cámaras puedan con el objetivo de formar Gobierno y llevar a cabo sus ideas (programa político) o influir sobre quien gobierne. Son los responsables de la confección de las listas en las que irán aquellas personas que serán elegidas para representar a la ciudadanía en las cámaras.

En las democracias parlamentarias, la misión fundamental de esas personas que ocupan un escaño en cualquier cámara legislativa de representación es triple: elegir presidente de Gobierno, controlar al Gobierno y hacer y aprobar leyes. Propongo que nos centremos en la tercera misión asumiendo que las tres tienen gran relevancia. La primera requiere una decisión muy importante pero puntual: solo se elige presidente de Gobierno una vez en la legislatura (o alguna otra vez si hay mociones de censura exitosas de por medio). La segunda es continuada a lo largo de una legislatura, pero depende de la acción del ejecutivo (de las políticas públicas ejecutadas) y de la agenda puntual de los partidos, aunque suele servir de escaparate para la exposición pública y debate de las ideas de unos partidos y otros. Así se puede ver en las sesiones de control del Gobierno de cualquier cámara de representación en España. Pero la acción legislativa dura toda una legislatura, tiene un impacto duradero en la sociedad y durante su negociación se requiere tomar decisiones continuamente para terminar apoyando o no una ley concreta.

Legislar implica construir leyes que tienen un impacto en los comportamientos de personas y organizaciones, crean y organizan instituciones, habilitan, impiden, fomentan, protegen, regulan derechos y obligaciones; es decir, la acción legislativa es crucial en cualquier sociedad y en las democracias esta acción recae en el Parlamento, al margen de que la iniciativa legislativa la pueda tener con más frecuencia el legislativo o el ejecutivo[12]. Crear y aprobar una ley implica negociar con socios y rivales.

12. En términos históricos, los ejecutivos ganan peso frente al legislativo a la hora de proponer y aprobar leyes en España (Coller y Benítez, 2022). La iniciativa legislativa la pueden tener también los parlamentos autonómicos y la ciudadanía a través de la iniciativa legislativa popular (requiere medio millón de firmas y tiene limitaciones en los temas a legislar).

Me centro brevemente en el escenario en el que se desarrolla una ley y su aprobación para poder avanzar en el argumento que muestra que la cooperación y el acuerdo es frecuente en los parlamentos.

EL ESCENARIO

El trabajo en cualquier cámara de representación se divide entre el pleno y las comisiones, aunque hay un órgano intermedio llamado ponencia que se encarga de ordenar las enmiendas y proponer aceptarlas o rechazarlas. Un pleno suele durar varios días y en ellos se controla la acción del Gobierno, se discuten y aprueban la mayor parte de leyes y se tratan otras iniciativas parlamentarias (mociones, interpelaciones, preguntas, proposiciones no de ley). Pero la actividad legislativa se organiza en comisiones de naturaleza distinta que suelen tratar temas diferentes: presupuestos, interior, defensa, trabajo, etc. El número de comisiones puede variar de una legislatura a otra y también su nombre[13]. Cada comisión refleja la composición proporcional de los grupos de la cámara que se trate. También la ponencia sigue estas normas con la salvedad de que pueden formar parte de la ponencia diputados que no pertenezcan a la comisión (como en el Congreso). Mientras en el pleno hay más personas y se atrae la atención de los medios (especialmente en las sesiones de control), las comisiones (y especialmente las ponencias) son más pequeñas y reciben mucha menos atención mediática. Adaptando la terminología de LaPalombara (1987: 115), la "política visible" se hace en los plenos y suele tener un carácter espectacular, mientras que la "política invisible" acontece en las comisiones,

13. Si se agrupan todas las comisiones legislativas que ha habido en el Congreso y las 17 cámaras autonómicas entre 1977 y 2023, contamos con 579, de las cuales 91 son del Congreso. Un ejemplo de las variaciones de nombre son las comisiones de cultura, que a veces se llaman "Cultura y Deporte", otras "Cultura, Turismo y Artesanía", "Cultura, Juventud y de la Mujer", otras "Cultura" a secas. La casuística es variada.

pero, sobre todo, en la ponencia, que siempre es a puerta cerrada y suele ser más eficiente en términos legislativos[14].

FIGURA 1

PROCEDIMIENTO LEGISLATIVO

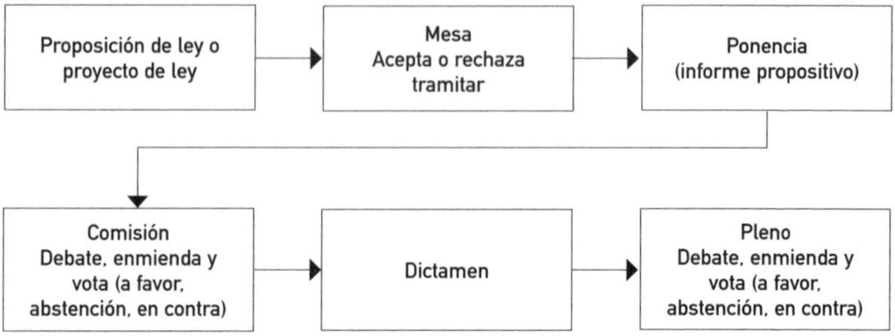

Fuente: Elaboración propia.

El procedimiento legislativo queda reflejado en la figura 1. La iniciativa de una ley puede provenir del ejecutivo (proyecto de ley) o del legislativo (proposición de ley). Las que provienen de iniciativas populares, parlamentos autonómicos y grupos parlamentarios se encajan en las proposiciones de ley. Los proyectos y proposiciones de ley se presentan a la Mesa del Congreso, que es como el órgano de gobierno de la cámara. Su composición es pactada por los grupos parlamentarios en función de su peso en la cámara. La Mesa acepta o rechaza la tramitación de un proyecto o proposición de ley. Si lo rechaza, el recorrido de la propuesta termina, a no ser que en el futuro se intente tramitar de nuevo. Si se acepta, se asigna a una ponencia y comisión[15]. En el caso de las proposiciones de ley, primero

14. Sobre las ponencias en el proceso legislativo, véase el trabajo de López Garrido (1983). Agradezco a Leonardo Morlino que me pusiera en la pista de la distinción entre la política visible y la invisible y a Robert Fishman que recuperara de su (excelente) memoria la referencia de LaPalombara (1987), quien usa esta terminología en su estudio sobre la política italiana.

15. Como reconoció uno de los representantes entrevistados, "yo, en este grupo [...], les recomiendo que todo lo que puedan acordar lo acuerden en ponencia, salvo que alguna vez, es verdad, interese a cualquiera de los partidos [...] teatralizar un acuerdo que se podría haber alcanzado en ponencia para que se vea que hay un acuerdo en comisión" (GAL13262).

se toman en consideración por el pleno y, si se aprueban, van a la comisión asignada.

La ponencia tiene un papel relevante en el proceso legislativo: recibe el proyecto o proposición con las enmiendas y aconseja en un informe propositivo qué enmiendas aceptar, rechazar o combinar. Incluye, además, cuestiones técnicas propuestas por el letrado asignado. Las ponencias suelen estar compuestas por miembros de la comisión pertinente, pero también pueden formar parte miembros electos de la cámara que por sus conocimientos y experiencia son elegidos por los grupos parlamentarios para participar en la ponencia.

Las ponencias no son públicas y ahí es donde se producen las negociaciones más sustantivas entre grupos. Forman parte de la cara realmente invisible de la política. El "informe propositivo" va a la comisión correspondiente donde los parlamentarios enmiendan y debaten la propuesta y elaboran un "dictamen" que es trasladado al pleno de la cámara para su debate y votación. Este "dictamen" es el resultado de la negociación entre representantes de partidos rivales diversos[16]. En el pleno de la cámara, los grupos parlamentarios también plantean enmiendas que pueden ser de naturaleza variada (de sustitución, de modificación, de adición, de supresión). Algunas de ellas se llaman "transaccionales" porque recogen las enmiendas presentadas por varios (o todos) los grupos. Tras las enmiendas, se produce la votación al articulado o a la totalidad. Se aprueban las leyes que tienen más votos a favor que en contra o aquellos artículos de la ley que tienen más votos a favor que en contra. En este proceso hay algunas excepciones, como las propuestas que se aprueban de urgencia o por lectura única (o ambas), o por procedimiento abreviado (solo en Canarias y Baleares), pero son excepciones. Ahora viene lo importante para mi argumento.

16. En contadas ocasiones, es la propia comisión la que aprueba el dictamen sin someterlo al pleno, como, por ejemplo, la Ley de trabajo a distancia, aprobada en el Congreso en 2021, en medio de la pandemia.

Tanto en la comisión como en el pleno se producen negociaciones entre rivales. No olvidemos que, para algunos autores, la práctica parlamentaria se fundamenta en la búsqueda de acuerdos[17]. El grupo impulsor de la propuesta de ley puede incorporar a los rivales a la votación afirmativa de la ley o conseguir una abstención. Y es ahí donde me dirijo.

Se presenta un proyecto de ley que viene del ejecutivo que está controlado por un partido determinado. Muy probablemente, y esto lo suelen decir los parlamentarios, antes de registrar el proyecto de ley en la cámara, algún representante del Gobierno habrá hablado con algunos representantes de la oposición al objeto de tantear sus posiciones. En la comisión correspondiente se negocian los apoyos modulando el contenido de la ley, trazando "líneas rojas", muy especialmente si el contenido de la ley toca temas sensibles como la educación, el derecho al aborto o la memoria democrática. Esa negociación puede concluir con un acuerdo para votar a favor o para abstenerse o puede concluir en desacuerdo y un voto negativo.

Hay ocasiones en las que se alcanza ese acuerdo, pero a la hora de votar se cambia de posición con o sin previo aviso a los rivales. No siempre que grupos rivales votan igual es producto de la negociación y el acuerdo, sino de factores varios, como que el tema votado forme parte de las creencias nucleares de un grupo o que la ley incluya algunos puntos que satisfagan a los rivales y estos no tengan argumentos para oponerse. ¿Cuándo ocurren estas situaciones? Es imposible saberlo con la información de que disponemos. Para responder, habría que analizar las votaciones de las leyes y la explicación del voto en los debates parlamentarios.

17. Esta perspectiva es recogida por Morlino (1998: 84) basándose en el clásico de Kelsen (2008).

Cualquier analista puede preguntarse lo siguiente: ¿cómo se puede identificar y medir el grado de acuerdo o conflicto en una cámara, en cualquier cámara legislativa, es decir, entre representantes políticos? Voy a contar lo que he hecho con un grupo de académicos para responder a este interrogante, aunque otras personas han abordado el problema de manera diferente[18]. En el anexo hay más información.

Nos hemos centrado en las votaciones a las leyes, ya que esta votación es un indicador simple, claro, no ambiguo y computable. Solo hay tres opciones: sí, no y abstención. La computación del voto permite la comparación entre cámaras y entre diferentes periodos. Pero ¿qué indica? Acuerdo o su ausencia. Una ley que recibe votos negativos es una ley a la que no se han incorporado los intereses, puntos de vista, objetivos de los rivales del grupo promotor, al menos, no lo suficiente como para que esos rivales voten a favor o se abstengan. Por tanto, esta es una ley que refleja cierto desacuerdo, disenso, reflejo de un conflicto en comparación con una que ha sido aprobada sin votos negativos.

Doy cuatro ejemplos. Las 13 leyes aprobadas en 1983 cediendo tributos a las comunidades autónomas del régimen común concitan la unanimidad del Congreso. Es un desarrollo institucional de primer nivel, ya que son las leyes que permiten a las autonomías recaudar dinero para ejecutar sus propias políticas[19]. La Ley del proceso autonómico que regula el entramado institucional de las autonomías se aprobó en 1983 con 206 votos a favor, 36 en contra y 6 abstenciones. La

18. Algunas aportaciones a la medición del acuerdo en los parlamentos se encuentran en estas referencias de Palau *et al.* (2023), Field (2005), Capo (1994, 2003), Mújica y Sánchez-Cuenca (2006), Chaqués y Palau (2011), De Giorgi y Marangoni (2015), Giuliani (1997, 2008).

19. Sin embargo, la ley general que enmarca la cesión de tributos a las comunidades, que se aprobó el mismo día que las 13 leyes detalladas para cada autonomía del régimen común, concitó el rechazo de 14 diputados, la abstención de cinco y el voto afirmativo de 248. Es la Ley 30/1983.

Ley que promueve un sistema de jubilación gradual y flexible se aprobó en 2002 con 180 votos a favor, 107 en contra y 13 abstenciones. La Ley de Memoria Democrática se aprobó en el Congreso en 2022 con 173 votos a favor, 14 abstenciones y 159 en contra.

Los proponentes del primer ejemplo fueron capaces de concitar el apoyo unánime de todos los rivales en la cámara. Las personas que promovieron el segundo ejemplo pudieron pasar la ley con más de tres cuartas partes de representantes (el 83%), apoyando o absteniéndose (de las 248 personas presentes que votaron), pero más de una décima parte (14%) no vieron en la ley reflejados sus intereses, planteamientos u objetivos y votaron en contra. Los de la tercera ley consiguieron un 64% de apoyo o abstención, pero el rechazo de un tercio (36%) de la cámara. Los proponentes de la cuarta ley solo fueron capaces de conseguir que poco más de la mitad de sus señorías (55%) votaran a favor o se abstuvieran, quedándose fuera del acuerdo casi la mitad de las personas que votaron (45%).

Naturalmente, una cosa son estos porcentajes y otra los motivos que los explican. Se puede argumentar con razón que la oposición política en una cámara puede tener interés en no votar lo mismo que el grupo (o grupos) que apoya al Gobierno, independientemente de los esfuerzos de este por incorporarlos. O sencillamente, que tienen posturas irreconciliables (generalmente basadas en principios o creencias nucleares) que les incapacitan para llegar a acuerdos. O que, aun teniendo posturas diferentes, terminan votando lo mismo[20]. Aun así, creo que hay que resaltar un dato: desde 1977 hasta julio de 2023, por término medio, las leyes se aprueban en el Congreso de los Diputados con un acuerdo del 90% (incluyendo las abstenciones); esto es, por término medio, hay un 10% de votos negativos en las votaciones de las leyes[21]. En las cámaras

20. Pueden encontrarse algunos ejemplos en el texto de Coller, Jaime y Carrasco (2023).

21. Se incluyen las 384 leyes orgánicas que, al requerir mayoría absoluta de votos, pueden sesgar un poco la proporción de apoyo. Aunque las leyes orgánicas repre-

autonómicas, entre 1980 y mayo de 2023, el acuerdo medio es del 85%. Parece que sus señorías llegan a acuerdos para aprobar leyes con bastante frecuencia.

GRÁFICO 1

EVOLUCIÓN DEL GRADO DE APOYO MEDIO ANUAL A LAS LEYES EN EL CONGRESO Y LAS CÁMARAS AUTONÓMICAS (1977-2023)

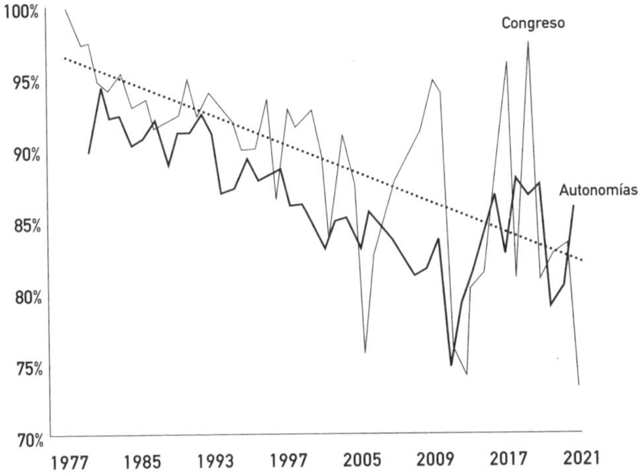

Fuente: Elaboración propia a partir de Coller *et al.* (2023b).

Pero se trata de un promedio que no entiende de diferencias temporales ni territoriales. Como es esperable, desde 1977 (1980 para las autonomías), el grado de acuerdo sobre las leyes ha ido variando a lo largo del tiempo y también entre las cámaras, y con este indicador podemos hacer comparaciones. Obsérvese el gráfico 1: muestra cómo ha evolucionado el acuerdo sobre la votación de las leyes. Al margen de otras cosas, creo que podemos coincidir en que hay dos evidencias que son

sentan el 19% de las 2031 leyes aprobadas en el Congreso hasta septiembre de 2023, su distribución similar a lo largo de las legislaturas (excepto en la XI y la XIII, que no aprueba ninguna, y la X que es la que más aprueba con 53, pero con la mayoría absoluta del PP) iguala parcialmente su efecto sobre el nivel de apoyo a las leyes. Esta matización vale también para el índice de inclusión que se presenta en unas páginas.

importantes. Primero, el grado de apoyo medio que reciben las leyes aprobadas decrece a lo largo del tiempo; es decir, es menor cuando nos alejamos del momento fundacional de nuestra democracia, la transición. Segundo, a pesar del declive, sigue siendo alto durante el periodo analizado en el siglo XXI. En la última legislatura de las cámaras autonómicas que se renovaron el 28 de mayo de 2023, la media de apoyo es del 82%; en el Congreso de los Diputados, la legislatura XIV tiene una proporción media de apoyo del 81%, aunque es la segunda más baja de la historia reciente por detrás de la X legislatura.

GRÁFICO 2

APOYO MEDIO A LEYES POR CÁMARA DE REPRESENTACIÓN (1977-2023)

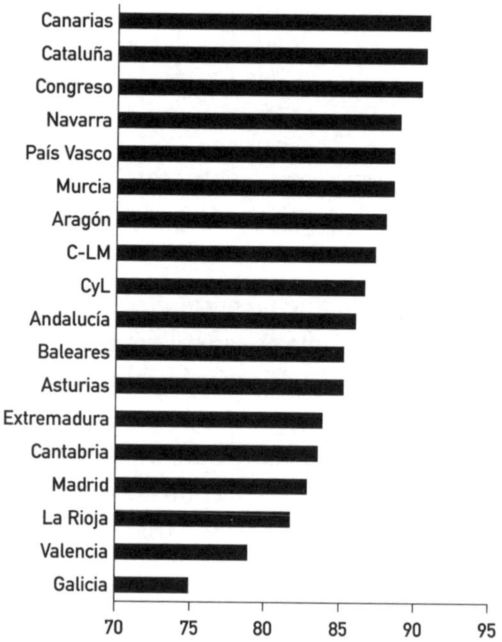

Fuente: Elaboración propia a partir de Coller *et al.* (2023b).

Por otro lado, también se puede observar en el gráfico 2 que hay cámaras donde el acuerdo entre rivales para votar a favor o abstención de una ley es más frecuente que en otras. Hay autonomías donde, por término medio, es más fácil que los rivales apoyen una ley que en otras. Es una especie de misterio por qué en Valencia y Galicia la oposición y los grupos que apoyan al Gobierno se ponen menos de acuerdo que en Canarias, Cataluña, Navarra o País Vasco. Hay explicaciones posibles de tipo diverso que pueden tener que ver no tanto con la fragmentación como con la polarización ideológica[22], con el partido que tiene la mayoría y gobierna, con el tipo de ley de que se trate, con el momento histórico y con alguna otra que se estudiará en otro momento. Es un enigma que, en colaboración con otros colegas, estamos desentrañando y resolviendo.

Es cierto que el grado de apoyo es una medida imperfecta del conflicto (o acuerdo) político en las instituciones de representación, ya que si un partido tiene una mayoría amplia en un Parlamento pequeño (por ejemplo, La Rioja o Cantabria con 33 escaños o Asturias, con 45) y algo fragmentado, entonces el grado de apoyo es probable que sea alto a poco que dos grupos de varios se pongan de acuerdo. Cierto. El grado de apoyo no es perfecto para medir el nivel de acuerdo o disenso en una cámara.

Por ese motivo, quiero presentar el índice de inclusividad. Se trata de un indicador parecido al anterior, pero que tiene la virtud de medir el grado en que el grupo(s) mayoritario que apoya al Gobierno incorpora a los rivales de la cámara para votar a favor o como mínimo abstenerse a la hora de votar una ley. El índice de inclusividad es un verdadero indicador de la capacidad de atracción de los grupos mayoritarios hacia los rivales,

22. A modo ilustrativo, valgan estos datos sobre polarización ideológica media para el periodo que va de 1977 a 2022. Con la excepción de Navarra (4,8, que sigue siendo un enigma este caso), Galicia (5) y Madrid (4,7) son las que tienen una polarización media más extrema. Por el contrario, Canarias (3,2) y Cataluña (3,9) ocupan las últimas posiciones en la escala de polarización ideológica media. País Vasco (4,3) y Valencia (4,4) están por debajo de la media para toda España (4,6), mientras que en el Congreso, la polarización ideológica media es de 4,5. Agradezco a Andrés Benítez y Pablo Domínguez que me facilitaran estos datos de Bacontexto *in extremis*.

de la incorporación de las minorías a la creación y aprobación de la legislación. Se trata, en suma, de un indicador de cuán inclusiva es la política en su faceta legislativa y en el plano institucional. Es un índice al que se le puede denominar también "de atracción" o "de incorporación". En este sentido, se trata de un indicador parcial de lo que Fishman (2021: 35) denomina "práctica democrática" al ilustrar lo inclusivas que son las interacciones entre las personas protagonistas de la acción política legislativa en las instituciones.

Este indicador se mueve entre 0 y 1. Cuando una ley recibe solo los votos del grupo(s) que apoya al Gobierno, el valor del índice es 0, reflejando que nadie más se incorpora al apoyo a la ley. Cuando a esa ley no se opone nadie, es decir, sus señorías votan todas a favor o se abstienen, entonces el índice adquiere el valor de 1[23].

GRÁFICO 3

EVOLUCIÓN ANUAL DEL ÍNDICE DE INCLUSIÓN EN EL CONGRESO Y LAS CÁMARAS AUTONÓMICAS (1977-2023)

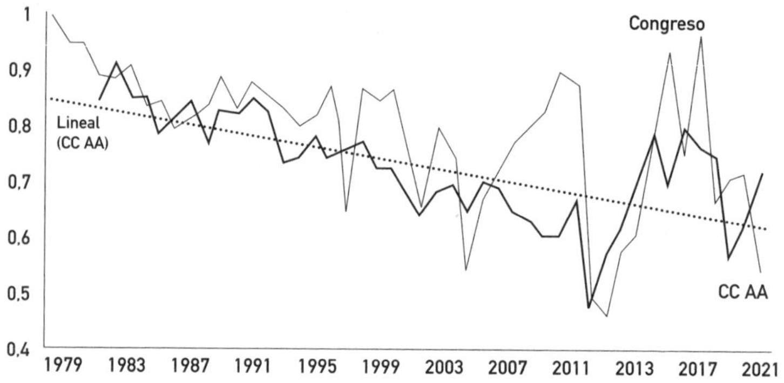

Fuente: Elaboración propia a partir de Coller *et al.* (2023b).

23. Agradezco al profesor Antonio M. Jaime-Castillo su creatividad y ayuda en la formalización y ejecución técnica de este índice. Se ha calculado siguiendo la fórmula siguiente: (F-G) / (T-G), donde F son los votos a favor y abstenciones, G es el tamaño de la coalición que apoya al Gobierno y T es el total de votos. El índice se computa para cada ley y con él se puede hacer una media anual, por legislatura, por cámara o por tipos de ley, por ejemplo.

A la vista del dato del nivel de apoyo medio a las leyes, no sorprenderá saber que, en el Congreso de los Diputados, el grado de inclusión medio es de 0,78 para el periodo que va desde 1977 a julio de 2023. En las cámaras autonómicas, la inclusión es del 0,72 para el periodo de 1980 a mayo de 2023. Recuérdese que el mínimo de inclusión es 0 y el máximo, 1. Es decir, estamos hablando de valores altos.

GRÁFICO 4

ÍNDICE DE INCLUSIÓN POR CÁMARA LEGISLATIVA (1977-2023)

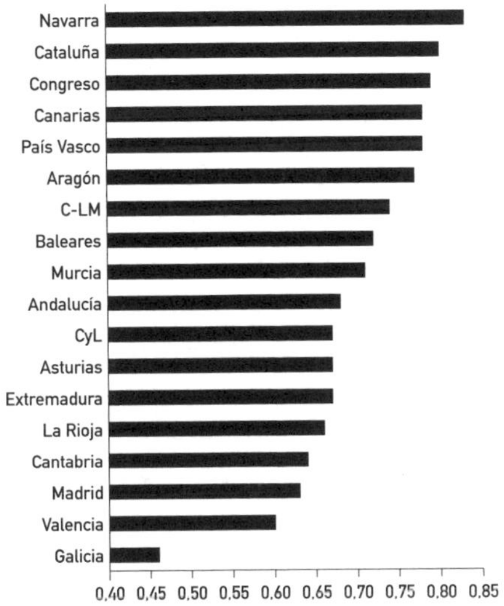

Fuente: Elaboración propia a partir de Coller *et al.* (2023b).

Como en el caso del apoyo medio, también el índice de inclusividad varía según las cámaras y a lo largo del tiempo. En el gráfico 3 se observa cómo ha evolucionado para el Congreso y las cámaras autonómicas. Varía la intensidad, pero la evolución es la misma: descendente con algún pico en el que aumenta la inclusividad entre 2004 y 2010 para el Congreso y con el punto más bajo en los años de la crisis financiera para todas las cámaras. No voy a analizar los motivos de esta variabilidad, puesto que es uno de los enigmas que estamos resolviendo, pero apunto que puede estar relacionado con lo que los científicos sociales llaman la "polarización afectiva" y, también, con el color político del grupo mayoritario en la cámara y en el Gobierno. Me interesa resaltar la idea de que, a pesar de la evolución descendente, la cooperación entre rivales políticos para aprobar leyes sigue siendo alta a pesar de que declina intensamente a partir de 2020 en las autonomías, con un repunte al alza desde 2021 y especialmente el Congreso.

También es relevante que las cámaras tienen comportamientos diferenciados, como se puede observar en el gráfico 4. Navarra es la autonomía en la que, por término medio, los partidos tienden más a cooperar, seguida de Cataluña, el Congreso, Canarias, País Vasco y Aragón. Por si quedan dudas acerca del impacto de la fragmentación de la cámara sobre la capacidad de acordar entre diferentes grupos, quizá convenga resaltar que estas cámaras (con Baleares y a excepción de Aragón) suelen ser las más fragmentadas del panorama español en todo el periodo democrático[24]. En el polo opuesto, Galicia, Valencia y Madrid ocupan las posiciones de cola, mostrando que allí la cooperación entre rivales, aunque existe, es menor que en otras comunidades. Los motivos que explican estas diferencias interesan menos ahora para el argumento que estoy desarrollando, aunque avanzo que pueden tener que ver con la existencia de mayorías absolutas y el color político de las mismas.

PREGUNTAS

Los datos que he presentado destacan dos cuestiones básicas. Primero, percibimos la manifestación de conflicto en la política,

24. Una medida de la fragmentación es el número efectivo de partidos parlamentarios (NEPP) que mide la cantidad de partidos ponderados por su peso relativo en la cámara respectiva. Para el periodo democrático en España, la media del NEPP en todas las cámaras es de 3. En el Congreso es de 3,1. Las comunidades con fragmentación media más alta son País Vasco (4,2), Navarra (4,07), Cataluña (3,73), Canarias (3,70) y Aragón (3,37). Las que tienen la fragmentación más baja son Castilla-La Mancha (2,11), Murcia (2,31) y Extremadura (2,43). Por debajo de la media están Valencia (2,96), Madrid (2,82) Andalucía (2,73) y Galicia (2,62). Agradezco a Andrés Benítez y a Pablo Domínguez que me facilitaran estos datos de Bacontexto *in extremis*.

probablemente, porque es la más llamativa. Seguramente, esta percepción nos lleva a asumir que la política es todo confrontación, broncas, trifulcas, algaradas, *zascas*, alborotos, abucheos e insultos. Segundo, la realidad de la política institucional muestra que los adversarios políticos se ponen de acuerdo con más frecuencia que discrepan a la hora de legislar en los parlamentos, por mucho ruido que hagan cuando están bajo los focos, tengan un micro cerca o piensen en las redes sociales.

Tras la exposición de estos datos, creo que ha llegado el momento de formular la pregunta siguiente: ¿ese clima de conflicto que percibimos entre representantes de partidos rivales en las instituciones de representación es real en la política institucional? Ciertamente lo es, porque lo hemos visto en la televisión, en la prensa, en las redes, quizá en directo si se ha escuchado algún pleno por la radio. Es la realidad, pero no toda la realidad ni, probablemente, la más frecuente. Pero ¿casa bien con el apoyo tan amplio con el que se aprueban las leyes y con el alto grado de inclusividad política que se observa? ¿No parece que vivamos una disociación entre las broncas que vemos, el conflicto que percibimos y lo que ocurre en los parlamentos cuando sus señorías tienen que legislar? La respuesta a este puzle se llama "teatralización" y de esto tratan los capítulos siguientes.

La política en democracia es conflictiva por la pluralidad de intereses que existen en la sociedad. Este conflicto puede manifestarse en las calles (una manifestación, una concentración), pero también en las instituciones de representación. Los parlamentos son las instituciones en las que se canaliza pacíficamente el conflicto político a través de las iniciativas de los grupos parlamentarios, generalmente conformados por partidos. El conflicto político en las instituciones se expresa a través de las votaciones a diferentes iniciativas, de las que aquí me he centrado en las leyes. En este contexto debe entenderse el concepto de teatralización como la ejecución de una serie de comportamientos que manifiestan y visibilizan un conflicto entre actores políticos que, además de por su espectacularidad, destaca por su contraste con los niveles de acuerdo e inclusión que acabo de mostrar. Estos comportamientos pueden ser colectivos o individuales y engloban (sin exhaustividad) las broncas, algaradas, trifulcas, insultos, *zascas*, insidias, gritos, burlas, acusaciones, desprecios, amenazas o violencia simbólica que unos actores políticos (representantes) dirigen a sus rivales. Se entiende que es la manifestación de un conflicto porque estos comportamientos no se suelen orientar hacia los amigos o los correligionarios, sino que tienen como destinatario los adversarios políticos.

En las páginas que siguen exploro la teatralización en la política adoptando una perspectiva global, no particular. Es cierto que, para capturar bien la teatralización, lo ideal sería analizar los votos de cada ley y en aquellas en las que hay un alto grado de inclusividad, estudiar los debates y la votación de artículos y enmiendas en la comisión y en el pleno, así como las explicaciones de voto. Esto daría una perspectiva muy sólida sobre las 5.000 leyes aprobadas sin apenas votos negativos de las casi 10.000 aprobadas por las cámaras legislativas españolas entre 1977 y 2023. Se trata de un trabajo inconmensurable que invito a que se realice por quien tenga los recursos humanos y económicos para ejecutarlo.

Mientras tanto, exploro la teatralización como el contraste que existe entre el grado de inclusión (que sigue siendo alto en 2023) y el elevado conflicto político que se observa y percibe la población. Revelaré una dimensión interior relacionada con la disciplina de partido y el sistema electoral, y una dimensión exterior que se activa con la presencia de público. Para ello será necesario entender que se suele percibir la política como una representación en la que el protagonista diferencia entre su papel como profesional de la política y su papel como persona.

Esta disociación es la que ayuda a explicar la normalización de la teatralización. Intentaré construir el argumento de que la teatralización es un elemento constitutivo de la política que se pone en práctica con más frecuencia en determinados momentos de la política visible, como los plenos y cuando existe una exposición a los medios; es decir, la teatralización requiere de un público, de un escenario y de unos temas sobre los que visibilizar el conflicto, que se acentúa cuando hay cerca elecciones y están presentes los medios de comunicación. Bajo estas condiciones, se producen intervenciones dramatizadas para maximizar la exposición a los medios (incluyendo las redes sociales). Indagaré también en las consecuencias de la teatralización que perciben los parlamentarios, como la polarización, la desafección, la violencia, y trataré de aportar algunas ideas que sugieren los propios protagonistas para mejorar la situación.

Antes de ello, en el capítulo siguiente muestro que además de que nuestros parlamentarios cooperan con normalidad en la aprobación de las leyes, perciben también que la gobernanza de la política se aproxima al polo de la cooperación, lo que resalta más aún el fenómeno de la teatralización tal como se entiende en este libro.

LA PERCEPCIÓN DE LA POLÍTICA

La política tiene una naturaleza conflictiva que es el reflejo de las divisiones sociales que existen en cualquier democracia: personas que ocupan posiciones diferentes en la estructura social y que tienen ideas diferentes acerca de cómo debe ser el mundo se agrupan voluntariamente en organizaciones diversas que pugnan por alcanzar (o influir sobre) posiciones de poder que les permitan llevar a cabo sus ideas. Esa pugna se encarna en la competición electoral entre partidos por alcanzar el Gobierno de un Estado (o una parte del Estado: ayuntamiento, comunidad) durante un tiempo tasado al objeto de desarrollar una serie de políticas y crear un marco normativo que oriente a la sociedad hacia el ideal o el modelo que defiende. El resultado de esta pugna se concreta en España en unos parlamentos en los que los representantes de la ciudadanía, en función de los resultados obtenidos por sus partidos, pueden tener más o menos fácil aprobar un candidato a presidente de Gobierno. El candidato elegido formará Gobierno y comenzarán las actividades del legislativo. Si no, habrá repetición electoral.

La política institucional también está atravesada por el conflicto resultado del contraste de diferentes planteamientos, intereses, objetivos o ideales. En los parlamentos se confrontan visiones del mundo que rivalizan. Pero también se produce el acuerdo y la cooperación, como parece esperable en cualquier actividad humana. La política en democracia, como actividad humana, bascula entre el conflicto y la cooperación, el disenso y el acuerdo.

En este capítulo se muestra que, además de en su práctica legislativa, los representantes suelen preferir que la política se gobierne también por el principio de alcanzar acuerdos con los rivales, aun cediendo en algunos aspectos. Pero, para ello, se precisa algo incluso anterior a la confianza que supone toda colaboración: que se le reconozca al rival el derecho a ser escuchado, algo que, como muestra Ignatieff (2014), no se puede dar por supuesto en democracia. Eso no quiere decir que el dilema rival-enemigo no exista. Está presente y también tiñe el comportamiento político, pero exige lo que el estudioso de la democracia Robert Dahl (1971: 15) denominó como "tolerancia mutua" de los gobiernos y sus oposiciones, algo que se puede extender a la idea de reconocimiento mutuo como actor político legítimo, no el enemigo a batir.

ACORDAR

La evolución de la sociedad ha generado unas instituciones y normas que facilitan que, en lugar de solucionar a mamporros las disputas por el gobierno de la sociedad, los actores puedan confrontar ideas diferentes, canalizar los conflictos políticos y tomar decisiones colectivamente sin violencia física[25]. Los parlamentos forman parte de ese entramado institucional y las votaciones sujetas a la regla de la mayoría regulan la manera en que se toman decisiones en estas instituciones. Pero una cosa es la aplicación de la regla de la mayoría y otra cómo se construye esa mayoría. Por poner un ejemplo: supongamos un parlamento con 100 representantes que tiene que votar una ley sobre el

25. A esta lectura de la vida política de las democracias existentes se la ha catalogado como "pluralismo agonista". Además de lo que se encuentre en la red, véase el trabajo de Mouffe (1999, 2014). Agradezco a mi colega Paloma Aguilar (UNED) que me pusiera en la pista de estos trabajos.

ingreso mínimo vital (IMV). Se trata de un asunto mollar en los Estados modernos, porque el IMV ayuda a garantizar unos ingresos para que una persona subsista más o menos dignamente en una sociedad con desigualdades profundas dependientes de su posición en el mercado de trabajo, los estudios realizados, sus orígenes familiares u otros factores. Bastaría con 51 votos para aprobar dicha ley a no ser que se requieran mayorías cualificadas[26]. Pero ya hemos visto que es frecuente incorporar los puntos de vista de los rivales al objeto de alcanzar un acuerdo que permita aprobar la iniciativa con más apoyos.

¿Cuáles son las motivaciones para la construcción de acuerdos y cuáles las limitaciones? La respuesta se puede plantear teniendo en cuenta primero la *amplitud*. Construir un acuerdo implica tener en cuenta los intereses, objetivos, anhelos, expectativas de los rivales que representan a otros grupos e individuos en la sociedad. Es decir, legislar teniendo en cuenta la pluralidad de intereses que pueden existir en una democracia. En la práctica legislativa, esto requiere reconocer esta pluralidad, tenerla en cuenta considerando que las opciones distintas a las nuestras son también legítimas y pueden ser razonables, y aceptar que una parte puede ser incorporada a la legislación. Dentro de este marco, puede existir la motivación de la *perdurabilidad*. No se suele legislar para el corto plazo (aunque hay leyes sobre aspectos muy puntuales), sino pensando en que la ley perdurará en el tiempo[27]. Es más fácil que una ley se modifique o se derogue cuando lleguen al Gobierno (o a la mayoría parlamentaria) los grupos opositores que no han participado en el acuerdo que condujo a la aprobación de la ley en cuestión. Para que una ley perdure, es conveniente incorporar a los rivales con opciones futuras de gobierno.

26. Estas mayorías cualificadas suelen requerir tres quintos (60%), dos tercios (66%) o tres cuartos (75%) de las personas que votan para aprobar lo que se precise aprobar.

27. Hay leyes que se hacen para regular asuntos muy concretos, como un crédito para paliar los efectos negativos de los desastres naturales, un crédito a los partidos con representación por gastos electorales, un aval a una sociedad mercantil o unas medidas urgentes para reequilibrar un presupuesto autonómico, por poner unos ejemplos ilustrativos. Para tener una idea aproximada, de las 9785 leyes aprobadas hasta 2023 en España, el 19% han sido modificadas generalmente por otras mayorías, un 1% fueron modificadas para ampliarlas y un 0,6% han sido derogadas.

En un plano más pragmático, se encuentra la motivación de la *diversidad*[28]. Todo partido político aspira a obtener una representación parlamentaria suficiente como para formar Gobierno e influir en la legislación y las políticas públicas. Una motivación adicional es mantener o ampliar esa representación en elecciones futuras. Para ello, necesita ciudadanos que voten al partido, con lo que tiene un incentivo para, a través de la legislación o de políticas públicas, contentar a los electores potenciales satisfaciendo sus demandas planteadas, ya sea de manera individual o mediante organizaciones diversas (empresariales, sindicales, religiosas, cívicas, culturales u otras). No es preciso estar en el Gobierno o en una mayoría parlamentaria para satisfacer políticamente una demanda: a veces basta con que el representante sea capaz de mostrar que ha tenido éxito incorporando a la legislación negociada algún aspecto de una demanda concreta. De esta manera, intentando satisfacer demandas diversas, aunque con intensidad diferente, los representantes de los partidos tienen también la motivación para llegar a algunos acuerdos con los rivales.

Algunas limitaciones al acuerdo son obvias y en los análisis de las coaliciones promotoras estas limitaciones se llaman "convicciones" o "creencias nucleares" (Jenkins-Smith *et al.*, 2018)[29]. Suelen ser cuestiones generalmente relativas a la identidad, la religión o las creencias profundas de un grupo como, por ejemplo, la integridad territorial, la condición sexual, la necesidad o no de redistribuir la riqueza. En una negociación, los parlamentarios suelen construir sobre ellas lo que acostumbran a llamar "líneas rojas". Es más probable que el acuerdo se construya sin que se tengan que cruzar líneas rojas o, aun cruzándolas, obteniendo concesiones importantes del rival como, por ejemplo, el apoyo a una investidura, un traspaso importante de competencias

28. Agradezco a mi colega Luis Ramiro (UNED) esta visión pragmática de la vida política.
29. Agradezco a mi colega Salvador Parrado (UNED) que me pusiera en la pista de la noción de "creencias nucleares".

o una cierta orientación para una política pública. Hay otras limitaciones al acuerdo que derivan de una estrategia política basada en la percepción de que apoyar ciertas iniciativas puede soliviantar a algunos seguidores (con la consiguiente pérdida de votos o afiliados) o la necesidad de salvar la cara ante errores manifiestos. El primer caso suele ser más frecuente y se da cumplida cuenta en el apartado que trata de "la parroquia" de los partidos.

Para que exista acuerdo político, se requieren, al menos, tres condiciones y por este orden: primero, que los actores implicados asuman que los rivales tienen el derecho a ser escuchados y, por tanto, a plantear sus reivindicaciones, intereses, objetivos. Si al rival no se le reconoce su derecho a ser escuchado, es imposible el diálogo[30]. Si hay un actor que entiende que los rivales no son dignos de acordar nada con ellos, no se lo merecen, son impuros, son el enemigo a batir, entonces, difícilmente puede haber diálogo y, por tanto, cooperación, acuerdo. Y precisamente, tal como defiende uno de los grandes estudiosos actuales de la democracia, Robert Fishman (2004: 171), el diálogo genuino que consiste en "hablar y escuchar" es la base de toda democracia, ya sea en el funcionamiento ordinario de la vida pública como en las instituciones. Si ese diálogo no se produce, entonces, poco a poco se erosiona la democracia.

La segunda condición es que los actores implicados puedan tener (o al menos no descarten) una cierta predisposición a acordar con los rivales; es decir, que en su repertorio de acciones imaginables exista la posibilidad de negociar y pactar con ellos. Dicho de otra manera, que compartan (aunque no exclusivamente) una visión de la política como un juego cooperativo, de construcción, no exclusivamente como un juego de suma cero, de ganadores y perdedores. Esto implica que los

30. Sobre el derecho a ser escuchado hay una magnífica explicación en el texto de Ignatieff (2014: 143-167). Está basada en su experiencia personal como candidato. El texto de Urquizu (2021) aporta también su visión personal tamizada por el enfoque académico.

actores políticos no solo tienen el derecho a ser escuchados, sino que son capaces de entender que pueden llegar a acuerdos con los rivales ideológicos para incorporar sus puntos de vista a la legislación. No conozco democracias parlamentarias que sean dignas de ese nombre donde no se respete el derecho a ser escuchado ni se contemple la posibilidad de acordar con los rivales en algún momento. Pero, para ello, los actores políticos se consideran mutuamente como rivales, no como enemigos. Se reconocen como actores legítimos. A un enemigo no se le confiere legitimidad ni se le acepta, sino que se le intenta eliminar, aunque solo sea simbólicamente, orillándolo, ignorándolo, aislándolo, prescindiendo de él. Con un enemigo no cooperas, sino que lo intentas destruir. No puedes construir confianza con un enemigo, pero sí con un rival, quien, a diferencia del enemigo, puede ser tu aliado en un futuro. El problema para la democracia, nos dice Ignatieff (2013), es que los rivales pueden convertirse en enemigos con facilidad. El problema de concebir al rival como un enemigo es que deja de operar el reconocimiento mutuo en el que se sustenta toda democracia.

La tercera condición es que los actores que tienen cierta disposición al acuerdo con los rivales no estén alejados en algunos temas nucleares para la política, como las relaciones exteriores o la defensa, o cualquier otro que se considere. Es decir, que haya algún grado de solapamiento de posiciones sobre temas vitales para una sociedad. Dos no bailan si uno no quiere y para que se produzca algún tipo de acuerdo básico, aunque sea procedimental, se precisa que dos actores (o más) quieran acordar y encuentren un terreno común para hacerlo. De hecho, siguiendo a Lijphart (1999: 33), esta es la base de las democracias parlamentarias en sociedades con líneas divisorias múltiples, donde se "enfatiza el consenso en lugar de la oposición, que incluye en lugar de excluir y que trata de maximizar el tamaño de la mayoría gobernante en lugar de satisfacerse con una mayoría mínima". El problema que se está observando en España es que cada vez más *parece* (y resalto "parece") que los actores tienen menos solapamientos y relaciones más conflictivas.

En las secciones que siguen voy a dar algunos datos de una encuesta a parlamentarios españoles que refuerzan la idea de la cooperación entre rivales en las cámaras de representación. No solo se acuerdan muchas iniciativas legislativas, es que, más allá de la política partidista, el diálogo, la cooperación con los rivales parecen ser principios mayoritariamente argüidos por nuestros representantes políticos para la gobernanza de la política.

ESCUCHAR Y NEGOCIAR

El diálogo en la política requiere que los actores compartan un principio fundamental: la creencia en el derecho del otro actor a ser escuchado. Podemos no estar de acuerdo con alguien, pero en las democracias modernas ese alguien tiene derecho a que se le escuche. Si este principio básico no se cumple, no hay posibilidad de diálogo y tampoco de negociación o acuerdo y la democracia podría estar en riesgo, como apuntan Levitsky y Ziblatt (2018). ¿Cuál es la posición de nuestros representantes al respecto? Para captarla, se les ha pedido que indiquen su grado de acuerdo con la frase siguiente: "Los líderes de los partidos políticos deberían hacer un esfuerzo por asumir que todos los rivales tienen el derecho a ser escuchados". Cierto, esta frase asume que entre los líderes políticos españoles hay un déficit en el reconocimiento del derecho a ser escuchado. Quizá estamos reflejando una situación real en España.

Grosso modo, los parlamentarios españoles de 2023 no están mal en términos de aceptación del principio general, aunque hay matices. La gran mayoría (86%) está muy de acuerdo o de acuerdo con la idea de que se debe hacer un esfuerzo por entender que los rivales políticos tienen el derecho a ser escuchados. Como se puede observar en la tabla 1, el esfuerzo por asumir el derecho a ser escuchado está menos extendido en Vox, otros partidos minoritarios de derecha y centroderecha y Podemos[31]. Entre los dos grandes partidos, en el PP el grado de acuerdo con el derecho a ser escuchado es menor.

TABLA 1

DERECHO A SER ESCUCHADO (EN %)

PARTIDO	MUY EN DESACUERDO Y EN DESACUERDO	NI DE ACUERDO NI EN DESACUERDO	MUY DE ACUERDO Y DE ACUERDO	TOTAL (N)
1. PSOE	1	8	91	174
2. PP	3	16	81	134
3. Podemos	6	15	79	33
4. Cs	0	0	100	30
5. Vox	6	21	73	34
6. ERC	0	11	89	19
7. JxCAT	8	0	92	14
8. PNV	0	20	80	14
9. Otros: izq. y centroizq.	2	11	87	45
10. Otros: der. y centroder.	0	22	78	18
Total	2	12	86	515

Nota: Porcentajes redondeados al entero más próximo. El grado de acuerdo se mide con una escala Likert en la que el valor 1 equivale a "muy en desacuerdo" y el valor 5 a "muy de acuerdo". La bondad de esta escala es que se puede reconvertir en tres categorías (con o sin ponderación). En este caso, no se han ponderado los valores de la escala.
Fuente: Coller *et al.* (2023a).

Una forma complementaria de entender la visión de la política que tienen nuestros representantes políticos es conocer su elección entre dos escenarios alternativos a la hora de aprobar una ley: uno implica una voluntad de negociación y acuerdo, y el otro no. Recuérdese que la aprobación de una ley suele estar precedida de algún tipo de diálogo para incorporar los puntos

31. La categoría de "otros partidos de derecha y centroderecha" contiene agrupaciones minoritarias en tamaño e incluye a los siguientes: UPN, Foro Asturias, Navarra Suma, Coalición Canaria, PAR, PRC y Por Ávila; son un 3% de la muestra. La categoría "otros partidos de izquierda y centroizquierda" incluye los grupos siguientes: BNG, CUP, EH-Bildu, Geroa Bai, GxF-EUIB, Compromís, Más Madrid, Nueva Canarias y Teruel Existe. Son un 9% de la muestra. La ubicación en un bloque ideológico u otro se ha hecho sobre la base de las medias ideológicas del partido según la atribución que la persona encuestada hizo de su propia formación en una escala 0-10 donde 0 es izquierda y 10 derecha.

de vista de una parte de la sociedad representada por los rivales políticos presentes en un parlamento. Un escenario hipotético como el que se plantea no requiere consideraciones de tipos de mayorías o de la naturaleza de una ley, ya que va directamente a preguntar por una preferencia ideal. A los parlamentarios se les preguntó: "De los siguientes escenarios hipotéticos en los que se puede aprobar una ley, señale en cuál se sentiría usted más cómodo/a. (a) Una ley que refleja totalmente mis ideas pero que es rechazada por otros partidos. (b) Una ley en la que se ha tenido que ceder en algunos aspectos sustanciales pero que es aprobada sin el rechazo de otros partidos". No parece descabellado resaltar que la primera opción muestra una cierta voluntad de ignorar al resto de puntos de vista con tal de implantar las ideas propias en una ley. La segunda postura reconoce la existencia de la pluralidad y muestra predisposición a incorporarla a las decisiones políticas.

TABLA 2

PREDISPOSICIÓN AL ACUERDO EN LAS LEYES (EN %)

PARTIDO	LA LEY REFLEJA MIS IDEAS PERO ES RECHAZADA POR OTROS PARTIDOS	SE HA CEDIDO EN ALGUNOS ASPECTOS PERO LA LEY NO ES RECHAZADA POR OTROS PARTIDOS	TOTAL (N)
1. PSOE	9	91	171
2. PP	8	92	146
3. Podemos	32	68	34
4. Cs	12	88	32
5. Vox	47	53	36
6. ERC	28	72	18
7. JxCAT	50	50	14
8. PNV	0	100	14
9. Otros: izq. y centroizq.	13	87	45
10. Otros: der. y centroder.	12	88	16
Total	15	85	526

Notas: Porcentajes redondeados al entero más próximo.
Fuente: Coller *et al.* (2023a).

Como ocurrió en el caso anterior, el conjunto de los parlamentarios españoles se ubica mayoritariamente en el escenario de la negociación y el acuerdo, aunque hay matices nuevamente por partido. La tabla 2 muestra una situación clara: los dos grandes partidos (PP y PSOE), el PNV y Ciudadanos reúnen a los representantes que con más frecuencia priman el acuerdo para aprobar leyes sabiendo que eso implica cesiones en "algunos aspectos sustanciales". Por el contrario, solo la mitad de los parlamentarios de Vox y JxCat se ubican en esta posición. Los representantes de Podemos y ERC se sitúan en una zona intermedia con inclinación hacia la negociación y el acuerdo. Nótese que Torcal (2023) encuentra algo similar, pero referido a los votantes de estos partidos con la matización de los parlamentarios de ERC.

TABLA 3

PREDISPOSICIÓN A CONSTRUIR ACUERDOS (EN %)

PARTIDO	MEDIA (0-10)	PROPORCIÓN POR ENCIMA O IGUAL A LA MEDIA (7)
1. PSOE	7,1	69
2. PP	7,6	77
3. Podemos	6,4	55
4. Cs	7,4	76
5. Vox	6,6	56
6. ERC	6,7	62
7. JxCAT	6,7	74
8. PNV	8,5	100
9. Otros: izq. y centroizq.	6,5	62
10. Otros: der. y centroder	7,6	80
Total	7,1	69

Fuente: Coller *et al.* (2023a).

Una segunda manera de captar la propensión a la negociación y al pacto consiste en recabar el grado de acuerdo respecto de la gobernanza de la política. En la encuesta que concluimos en abril de 2023 se preguntó a nuestros representantes su grado de acuerdo con la afirmación siguiente: "En política es deseable llegar a acuerdos con los rivales políticos, aunque estén alejados ideológicamente". En este caso, se utilizó una escala 0-10 donde 0 significa "nada de acuerdo" y 10 "muy de acuerdo". Al ser una escala amplia, es esperable una mayor dispersión de las posiciones de sus señorías.

La media del conjunto es de 7,1, lo que ubica al representante español medio en el polo del acuerdo. Para tener una idea más certera, la mitad de los parlamentarios (50%) se ubican entre el 8 y el 10, y 7 de cada 10 representantes (69%) se ubican en la media o por encima de ella. Se repiten los matices por partido que se han apuntado anteriormente: PNV, Cs, PP y PSOE muestran las medias más altas junto a los otros partidos de derecha y centroderecha, generalmente autonómicos. Muy cerca se ubican también JxCat, ERC, Vox, Podemos y otros partidos de izquierda o centroizquierda.

Se puede pensar que el temor a ser identificados por el electorado como un traidor al programa electoral o como alguien que engaña al electorado puede ejercer de barrera para inclinarse por el plano del acuerdo con el rival. Al fin y al cabo, a muchos políticos se los acusa de que cuando llegan al Gobierno se olvidan de sus promesas electorales y esa acusación puede conducir a rechazar los acuerdos con los rivales por desviarlos de sus programas y convertirse en la diana de sus seguidores o de la ciudadanía. No es así, o no al menos en todos los casos.

Se preguntó a los parlamentarios encuestados que mostraran su grado de acuerdo con la frase "llegar a acuerdos con los rivales implica traicionar el programa electoral". Se utilizó una escala de 0 a 10, donde 0 significa "nada de acuerdo" y 10 es "muy de acuerdo". La media del conjunto de la muestra es de 2,45 y la moda, el valor más frecuente, es el 0, tal como se observa en la tabla 4. Hay diferencias entre partidos que no son tan visibles en las medias (que también) como en la proporción de personas que tienden relativamente más hacia el polo del desacuerdo con la frase indicada. En este caso, las personas que están por debajo de la media son más de la mitad (56%), aunque hay diferencias por partidos. Por ejemplo, Vox, Podemos y JxCat son los partidos que tienen proporciones más bajas de parlamentarios que se posicionan claramente en desacuerdo con la idea de que pactar implica traicionar el programa; es decir, son los que tienen el contingente más elevado de diputados que creen que pactar es traicionar el programa y que tienen una propensión menor al acuerdo y al pacto. Por el contrario, PP, PSOE y ERC tienen proporciones (y medias) similares, solo superados por el PNV. Los cuatro grupos son los que tienen proporcionalmente más personas que creen que pactar no implica traicionar el programa.

TABLA 4

ACUERDOS Y TRAICIÓN AL PROGRAMA ELECTORAL

PARTIDO	MEDIA (0-10)	PROPORCIÓN IGUAL O POR DEBAJO DE LA MEDIA (2)
1. PSOE	2,2	59
2. PP	2,2	61
3. Podemos	3,8	33
4. Cs	2,9	42
5. Vox	3,7	37
6. ERC	2,3	62
7. JxCAT	3,7	33
8. PNV	1,0	87
9. Otros: izq. y centroizq.	2,7	55
10. Otros: der. y centroder.	1,5	65
Total	2,4	56

Nota: Se ha utilizado una escala 0-10 donde 0 significa "nada de acuerdo" y 10 "muy de acuerdo". La tercera columna captura el porcentaje de personas que se sitúan por debajo de la media (asimilada al 2); es decir, próximos al polo que no está de acuerdo con la idea de que "llegar a acuerdos con los rivales implica traicionar el programa electoral".
Fuente: Coller *et al.* (2023a).

En resumen, aunque hay matices por partidos, parece claro que una mayoría de los representantes políticos desean que la política se gobierne preferiblemente por acuerdos con los rivales, que a la hora de legislar se lleguen a acuerdos, aunque eso implique hacer cesiones y, sobre todo, que se haga un esfuerzo por entender que los rivales políticos tienen el derecho a ser escuchados, aunque no se esté de acuerdo con ellos. En el plano de los principios, parece que la élite política parlamentaria se ajusta a la práctica de construir las leyes con acuerdos (o coincidencias) amplios, tal como mostré en el capítulo anterior.

TIGRES Y GACELAS

Hay posiciones minoritarias, pero importantes, que entienden que la política institucional es como un juego de suma cero en el que un actor gana lo que pierde el otro[32]. Esto es, si hay que hacer una ley, prefiero no contar con tus intereses, perspectivas, contribuciones, objetivos. Esta posición es compartida por casi 2 de cada 10 parlamentarios (15%) y es el reflejo de una concepción del rival político como un enemigo, una perspectiva abanderada por Carl Schmitt (1991: 81), quien entendía que si "desaparece esa distinción [amigo-enemigo], desaparece la vida política en general"[33]. Un parlamentario lo sintetizó de la manera siguiente:

> El poder es único y los actores están para conseguirlo. Y si lo tiene el rival, pues uno no [lo] tiene [...] y el político de verdad es como un tigre de Bengala, es decir, es un depredador que busca el poder y no hay que asustarse de que el tigre de Bengala muerda en el cuello de las gacelas. O sea, está en la naturaleza del político. [...] La naturaleza del político es conseguir el poder (CON13129).

Esta perspectiva prima la búsqueda y obtención del poder frente a los "enemigos" y reduce la importancia de la función de representación de la sociedad en las instituciones y la del

32. Un estudio de Chinoy *et al.* (2023) aborda para los Estados Unidos la extensión de esta "mentalidad" de suma cero (la ganancia de un actor significa la pérdida de otro) y la remonta a experiencias relacionadas con la movilidad intergeneracional, la inmigración y el esclavismo. Estos tres factores conducen a algunas personas a tener la mentalidad de suma cero y abogar por políticas redistributivas y de protección de grupos desfavorecidos.
33. Es cierto, no obstante, que Carl Schmitt manejaba el binomio "amigo-enemigo" en términos colectivos, de pueblos, Estados, agrupaciones políticas, no necesariamente individuos, aunque no es menos cierto que dejó escrito (1991: 56) que "la distinción política específica, aquella a la que pueden reconducirse todas las acciones y motivos políticos, es la distinción de *amigo y enemigo*" [cursivas en el original].

desarrollo de políticas públicas. Resalta la independencia del político respecto del votante (Maravall, 2008: 127) y plantea la lógica de la confrontación política desde otra perspectiva, como se vio con anterioridad. A diferencia del amigo o del rival, el enemigo político se suele percibir como una amenaza para la obtención y el ejercicio del poder. Su eliminación es compatible con un mayor bienestar. Como tal amenaza, contribuye a cohesionar el grupo que percibe la amenaza y discute su legitimidad como actor político. No suele ser visto como alguien con quien cooperar o con quien acordar o a quien escuchar para considerar sus puntos de vista. Para Levitsky y Ziblatt (2018: 246), en esta concepción de los rivales como enemigos, "la competición política deriva en una guerra y nuestras instituciones se transforman en armas. El resultado es un sistema que se halla siempre al borde del precipicio". Como hemos visto en las tablas anteriores, es una posición minoritaria en términos globales, aunque claramente presente en ciertos partidos como Vox, JxCat y, en menor medida, Podemos y ERC. Va un ejemplo:

> [...] hay veces que me da la impresión de que somos enemigos [...] Es decir, los que quieren destruir España, para nosotros, las personas que quieren destruir España, pues ya han dado un paso más porque con esa gente realmente es muy difícil establecer acuerdos de bien común. Y lo vemos incluso en lo que nosotros percibimos como mala fe. Entonces, hay veces [...] [que] pienso que ahora la política me ha descubierto que, efectivamente, en la política española, pues hay grupos que son enemigos (AND13115).

La pregunta que se puede formular es ¿en qué medida esta concepción del rival como enemigo está extendida entre las cúpulas de los partidos, que son los que suelen decidir aspectos que afectan directamente a la gobernanza de la política? Adicionalmente, nos podemos preguntar si la extensión de esta perspectiva en la élite política socava el principio de tolerancia mutua entre rivales negando la legitimidad al otro como actor político. No tengo una respuesta, porque muy probablemente aquí opere el efecto Rashomon: cada persona, en función de su inclinación, podrá dar interpretaciones diferentes. Pero hay algunas preguntas básicas que creo que cada uno puede responder con franqueza.

Basándose en Linz (2009a: 39 y 46), Levitsky y Ziblatt (2018: 3 y ss.) elaboran un listado de indicadores de comportamiento autoritario. Si un político, un parlamentario, por ejemplo, da positivo en uno de esos criterios, ya es motivo de preocupación. Creo que algunas de las preguntas-indicadores que el lector haría bien en plantearse para evaluar la solvencia de la democracia española son las siguientes: ¿intentan socavar la legitimidad de las elecciones, por ejemplo, negándose a aceptar unos resultados electorales creíbles?, ¿afirman que sus rivales constituyen una amenaza existencial, ya sea para la seguridad nacional o para el modo de vida imperante?, ¿han apoyado de manera tácita la violencia de sus partidarios negándose a condenarla y penalizarla sin ambigüedades?, ¿han elogiado (o se han negado a condenar) otros actos destacados de violencia política, tanto pasados como acontecidos en otros lugares del mundo? Y recuperando a Linz (2009a: 40), añado: ¿tienen la "disposición a limitar las libertades públicas de los líderes o seguidores de partidos que intentan ejercer unos derechos constitucionales garantizados"? Y dos más derivadas de las reflexiones de Linz (2009a: 47): ¿tienen la "voluntad de unirse a grupos ideológicamente distantes pero comprometidos a salvar el orden político democrático"?, ¿muestran el "rechazo a contactos secretos con la oposición desleal y el rechazo de su apoyo cuando es ofrecido a cambio de tolerancia para sus actividades antidemocráticas"? Creo que este es el tipo de cuestiones sobre las que cada uno puede reflexionar para evaluar el riesgo en que incurre nuestra democracia cuando una parte importante de los representantes percibe a los rivales como enemigos.

Frente a la percepción de la política como un juego de ganadores y perdedores, sabemos que una mayoría amplia de parlamentarios se inclinan, con los matices necesarios, por una posición que se asemeja a la de los juegos cooperativos (de suma no cero) en la que los actores colaboran en beneficio mutuo, aunque no siempre con la intensidad y amplitud que probablemente desearían. Este es el fundamento básico del funcionamiento de la democracia basada en el pluralismo y la tolerancia (aceptación de la legitimidad del otro). El historiador Richard Hofstadter identificó las democracias como un "equilibrio armónico de frustraciones mutuas" en el que la pluralidad de la sociedad tiene un reflejo en el diseño institucional del Estado[34]. La cultura política democrática descansa en la aceptación de tal pluralidad y la legitimidad de las opciones rivales que, dentro de la ley, la sustancian. En el juego de la convivencia política institucional nadie se sale completamente con la suya (frustración) pero todos ganan un poco (equilibrio). No es pues de extrañar que entre los representantes no sea infrecuente la idea de la negociación y pacto que sintetizó una entrevistada:

> [...] si vienes de fuera de la política [...] y lo que estás acostumbrado a ver es que permanentemente PP y PSOE o PP y Podemos, o PSOE y VOX están permanentemente tirándose los trastos a la cabeza; tú llegas y cuando ves a dos compañeros de partidos distintos tomarse un café, pues choca. Al principio, te choca. Aún más llegar a un acuerdo. Pero luego vas viendo cómo en el funcionamiento, pues es lo natural, por supuesto, y además en nuestro trabajo, que como legisladores, nuestro trabajo es consensuar y hablar mucho, negociar mucho (AND23213).

Hablar, escuchar, negociar, pactar, son términos habituales en el discurso de una mayoría de representantes políticos. Es, también, lo que ocurre en las cámaras con bastante frecuencia, como mostré anteriormente. Sin embargo, la imagen dominante que solemos tener sobre la política en España es la de una actividad altamente conflictiva, bronca, peleona, gritona, crispada, en la que los actores están siempre a la greña.

34. La frase exacta está en el texto de Hofstadter (1948) y una interpretación inspiradora en Toharia (2018).

Esto es producto de lo que conocemos como "dramatización" o "teatralización" de la política amplificada por los medios de comunicación.

En el capítulo siguiente voy a intentar desbrozar las interpretaciones de lo que los representantes de la ciudadanía entienden por dramatización y las dos arenas sobre las que la asientan.

DRAMATIZACIÓN

Tras la fallida investidura del candidato del PP Alberto Núñez Feijóo a finales de septiembre de 2023, el rey Felipe VI dio el turno al candidato del PSOE Pedro Sánchez para que buscara los apoyos en el Congreso de los Diputados para ser presidente del Gobierno. Necesitaba los votos de partidos independentistas, entre otros. Núñez Feijóo anticipó un tiempo de "teatralización de la política"[35] en el que se vería que algunos líderes políticos engañan a la ciudadanía con asuntos tan sensibles como una amnistía para los implicados en el intento de secesión de Cataluña que permitiera volver indemne al fugado de la justicia Carles Puigdemont.

Para Núñez Feijóo y algunos de sus seguidores, la teatralización de la política supone el engaño, la ocultación, presentar una cosa por otra, "vender la moto" a la ciudadanía. Probablemente, habrá gente que piense que no le falta razón. O sí. Lo que sí se puede afirmar es que entre los discursos elaborados por los parlamentarios que hemos podido recoger no aparece el concepto "engaño" vinculado a la representación más que para negarlo en una ocasión:

35. Se puede ver en los siguientes enlaces: https://bitly.ws/35wAq y https://bitly.ws/36s44.

> [...] siempre hay una parte de teatralización, que no engaño. Entiendo que no es lo mismo. Es decir, una parte de teatralización, sí. Engaño, no. Nosotros no estamos mintiendo con lo que decimos. Otra cosa es que utilicemos pues técnicas de telegenia o de cualquier otra cosa para ello [defender su posición en debates], pero sí, sí, una parte de la teatralización sí hay [...] (AND1319).

Más allá de que se crea o no que los políticos, en general, o un político en particular, deslicen mentiras en sus intervenciones, lo interesante es que teatralización y falseamiento de la realidad no son percibidas como sinónimos. En realidad, los parlamentarios no entienden la teatralización de la política como un engaño, sino como una representación de papeles diversos en escenarios institucionalizados como son las cámaras legislativas. En la representación de tales papeles los actores principales encajan su actuación con la segunda acepción que el *Diccionario de la Real Academia Española* reserva para el término "teatralización": "Dar carácter espectacular o efectista a una actitud o expresión".

En este trabajo se entiende por "teatralización" la representación de un papel exagerando o fingiendo un conflicto o una controversia entre varios actores rivales. En esta representación se recurre a herramientas diversas como la entonación, cadencia del discurso, gestos, volumen. La teatralización puede ser individual o grupal, espontánea o preparada. En el contexto de este trabajo, el concepto engloba comportamientos que visibilizan una confrontación que manifiesta un conflicto entre rivales. Para entendernos, son la expresión de un conflicto entre adversarios, porque uno no amenaza o insulta públicamente al amigo o al correligionario compañero de escaño, sino al rival, al enemigo con el que se quiere visibilizar una controversia. Los motivos de los conflictos importan menos ahora porque son contingentes. Estos comportamientos que visibiliza el conflicto abarcan los insultos, gritos, amenazas, insidias, violencia simbólica y otras expresiones ya avanzadas en la Introducción.

La expresión pública de esta manifestación visible del conflicto político entre rivales adquiere relevancia cuando se contrasta con los niveles de acuerdo e inclusión que se registran en la actividad legislativa. En la política invisible se acuerdan multitud de iniciativas, pero en la política visible se expone a la ciudadanía a lo que un parlamentario (en realidad, varios) etiquetó de "circo":

> Efectivamente, existe un circo, una teatralización que incluso cuando estás en la actividad institucional te das cuenta de que a veces es lo fundamental o principal o, a veces, lamentablemente, lo único. Esto hace que la política pierda mucha potencia (CAT11258).

Como en un circo de tres pistas o en una obra de teatro, en el desarrollo de la política parlamentaria se ejecuta una representación. Hay una forma de hacer las cosas, unos papeles, un público, un escenario, unas bambalinas; en suma, en los parlamentos se desarrollan representaciones teatrales cuyo origen se ha identificado en la Revolución francesa y que perdura en nuestros días como parte del repertorio de la acción política[36]. Es más, hay representantes que conciben sus participaciones en los plenos parlamentarios como actuaciones en obras de teatro. Y otros critican esta concepción.

TEATRALIZAR

Erving Goffman (1987: 47) inicia la perspectiva dramatúrgica en las ciencias sociales sugiriendo que el mundo es como una boda[37]. Entiende que la vida social es una representación en la que cada persona adopta un papel determinado que representa frente a un auditorio en situaciones diversas.

36. El estudio de Friedland (2002: 3 y 13) pone en la pista de la teatralización de la política en la Revolución francesa y su perdurabilidad hasta el presente. El ensayo de Edelman (1967) incide en el simbolismo de la política y en su representación, pero no solo entre los actores, sino también en la ciudadanía.
37. Un resumen de sus aportaciones se puede encontrar en el trabajo de Coller (2007: 227-229).

Una persona puede hacer de madre con sus hijos en el parque y de ejecutiva en una multinacional, de parlamentaria "mordedora" en el pleno y de diputada conciliadora en la comisión. Son escenarios distintos. La anécdota con la que se inicia el prólogo de este libro lo ilustra bien. Toda persona tiene una fachada personal compuesta por signos (apariencia, gestos, modales, tono de voz, forma de vestir, manera de hablar) que dan una imagen del actor en escenarios diversos. Toda representación exige un cierto control sobre la fachada personal para garantizar el ajuste entre fachada y escenario. Por ejemplo, ir a la playa a tomar el sol vestido con una falda pantalón negra o ir al funeral de un familiar en bañador, camisa hawaiana y chanclas muestra un desajuste entre fachada y escenario. Quizá esto explique por qué algunos parlamentarios se sorprendieron cuando las delegaciones de Podemos innovaron en su manera de vestir en las cámaras de representación en las que entraban por vez primera. Algunas personas pudieron percibir un desajuste entre fachada y escenario.

La persona que interpreta no suele estar sola, sino que precisa del concurso de un grupo llamado "equipo" en el que cada persona desempeña un papel. Toda representación (ya sea individual o en equipo) tiene lugar en lo que Goffman llama "regiones": el escenario, donde ocurre la representación y todo es visible para el auditorio; las bambalinas, prácticamente invisibles al público y donde la persona se comporta con naturalidad, sin las restricciones de la representación frente a un auditorio; la región exterior, que es el resto de los espacios en los que los actores son extraños, no son ni actores ni auditorio. El comportamiento de un individuo es diferente en función de la región en la que esté.

Puede ocurrir que una persona (o varias) del auditorio descubra que el comportamiento del actor en el escenario es diferente del que tiene entre bambalinas. Se ha descubierto una discrepancia, un desajuste que puede poner en riesgo la propia representación, arrojar dudas sobre su calidad y sobre la autenticidad del actor. En cierta medida, esa persona está desvelando que en realidad se está ejecutando una representación de papeles. Para evitar esas discrepancias, las personas que participan en una representación precisan controlar la acción que ejecutan en el escenario y proteger las bambalinas. Para ello, "el equipo debe ser capaz de guardar sus secretos y mantenerlos guardados" (Goffman, 1987: 152).

El control de la información que se transmite suele quedar desmantelado por la acción de personas que desvelan esos "secretos" de la representación entre bambalinas y los hacen públicos. La ejecución de los "papeles discrepantes" permite trasladar la información protegida al público y afectar la representación[38]. Ahora bien, el público puede construir una "ficción organizada" y hacer como que no pasa nada, hacer la vista gorda y permitir que siga la representación, contribuyendo, así, al mantenimiento de la situación, del orden. Todo el mundo puede seguir con la representación como si nada hubiera pasado.

La política en los parlamentos se aproxima a una representación teatral *à la Goffman*. En la vida de cualquier parlamento se representan también papeles, especialmente cuando hay público delante y bajo otras condiciones que se verán más adelante. ¿O piensa que Alberto Núñez Feijóo y Pedro Sánchez hablaron en el debate de investidura del segundo como hablarían en una reunión de trabajo o tomándose un café en el bar del Congreso (en el supuesto de que se reúnan para trabajar o tomen café juntos)?[39]. ¿O acaso cree que los insultos, *zascas*, gritos, acusaciones que se profieren en una cámara nuestros representantes se los espetan en, por ejemplo, celebraciones institucionales, en una comida o, incluso, trabajando en una ponencia o comisión? No. Esta es la percepción de una de las personas que observa de nuevas lo que parece habitual en la política institucional:

> En el fondo, yo soy un ciudadano que se encontró con la obligación de estar aquí y con la sorpresa de estar aquí. Y mis primeras sensaciones,

38. Papeles discrepantes son el soplón, el delator, el falso espectador, el confidente, el colega, pero también el especialista.
39. Puede verse un resumen de este "diálogo" en https://bitly.ws/35wGE.

cuando intervine en los plenos y en el hemiciclo, era como [que] veía excesiva dureza en las intervenciones, entre unos y otros. [I]ncluso comentaba con algunos compañeros: "Pero, vamos a ver, ¿estas personas luego van a ser capaces de dialogar, si se están diciendo lo que se están diciendo aquí, en público?". Y recuerdo que algunos veteranos me comentaban: "Bueno, todo esto, ponlo entre comillas [sic]. Aquí hay mucha teatralización de las posturas, mucha exageración de la diferencia, porque lo que se intenta es evidenciar eso". Luego, en realidad, en las comisiones, en las zonas de trabajo, digamos, de despacho, la diferencia no es tal, o por lo menos no se expresa con tanta dureza o con tanta virulencia, y es más fácil llegar a algún consenso, es más fácil teóricamente (CON14172).

Esta percepción no es infrecuente y es resaltada sin distinciones de ideología, partido, experiencia o sexo. Nos pone en la pista de varios asuntos: se representa, hay teatralización, pero no en todos los sitios; se actúa, pero en situaciones en las que hay público y medios de comunicación; hay una política "visible" (plenos) y otra "invisible" (ponencia y, en menor grado, comisiones) donde parecen regir códigos diferentes.

Teatralizar es ejecutar una representación en la que cada actor desempeña un papel determinado frente a un público y en un escenario. Esto no es extraño pues cada cual representa sus papeles en la vida diaria. Lo que resalta de esta representación en los parlamentos es el contraste entre el volumen de acuerdos a que se llega en las cámaras con el nivel de virulencia que se observa en los debates parlamentarios, que se convierten con frecuencia en trifulcas, en broncas agrias, en algaradas. Es una percepción frecuente (si no unánime) que la teatralización existe en la política. Hay quien la percibe con más o menos intensidad, quien la explica de una manera u otra o incluso quien prefiere utilizar otra terminología como "liturgia" o "liturgia civil", pero se percibe como algo habitual, esperable, previsible, aceptado. Es decir, la teatralización está normalizada como parte de un repertorio de la acción política que aparece en determinadas circunstancias y persigue objetivos claros:

Yo, al principio de estar aquí, alucinaba del rollo: ¡hostia!, realmente estoy entrando en escena como si hiciera teatro, ¿no? Y es así. Para lo bueno y para lo malo, pero es así (CON21143).

Pues vamos a ver, yo creo que en eso estaremos todos de acuerdo [en] que hay una parte de teatralización de la política y sobre todo en los últimos tiempos, en los últimos cuatro o cinco años, que yo creo que es evidente. Y yo creo que eso hoy nadie en su sano juicio lo puede cuestionar ni poner en tela de juicio. Eso es así (VAL23160).

Claro que existe un nivel de teatralización. De hecho, [...] existe hasta el punto de que creo que somos muy conscientes de que *lo que ocurre en el pleno se queda en el pleno*, por decirlo de alguna forma, ¿no? Es decir, la existencia de un debate bronco con un contrincante político en muchas ocasiones no deja de tener una parte de escenografía que [...], en realidad, no creo que sea tanto impostada como que es dotar de preeminencia en el debate a tu posicionamiento ideológico de forma [...] menos móvil, ¿no? Menos móvil, que lo que harías en una distancia corta, fuera de ese momento de escenificación (MAD11133).

[...] una parte de la teatralización sí hay, y además se puede comprobar en cualquier [situación]. Hace poco, me parece que fue en una recepción de la Constitución, veía a algún diputado de Vox sonriendo con otro diputado de Podemos. Y aquí también se saludan. Luego, es verdad que en el pleno tienen más discusiones, más tal, pero luego, la relación entre ellos en general no es tan mala como pintan en la tele, ¿eh? (AND1319).

Y por eso existe cierta teatralización, [...] la política tiene mucho de liturgia. Y esa "liturgia civil", como me gusta a mí denominarla, requiere y determina [...] una escenografía, ¿no?, lo mismo que en una boda, o en un bautizo, o en una comunión, o en la celebración de un cumpleaños, por poner un ejemplo más civil, hay una liturgia, pues también en la política hay una liturgia, y esa liturgia pues hace que haya una teatralización. Podemos decir también que hay [...] teatralización en las bodas, en los cumpleaños, [...] en un bautizo [...], es decir, que es una liturgia. A mí me gusta más el término "liturgia civil", más que "teatralización", ¿no? (AND11212).

[...] Y eso es el parlamentarismo también. Es decir, si tú quieres dar la sensación de que estás enfadado, porque realmente estás enfadado [...] pues voy a salir cabreado, se me va a notar. Hombre, siempre guardando la compostura, evidentemente, pero si quiero darla y lo quiero transmitir, lo transmito, evidentemente. ¿Es teatralización? Sí, porque es que esto también como cualquier trabajo que se hable en público, estás interpretando, estás teatraliza[ndo] un poco lo que quieres decir, pero yo no veo que eso sea malo, ¿no? Es una parte del parlamentarismo, como es una parte del que da una ponencia, del que quiere transmitir algo, y lo quiere transmitir de cierta manera. Entonces, yo creo que eso es importante hacerlo, y en el parlamentarismo, a la hora de debatir es fundamental, tanto si quieres eso, quieres dar a entender que estás enfadado, quieres dar a entender que estás molesto, o al revés (EXT11265).

Claro que, a veces, desde un punto de vista normativo, se avanza que lo de considerar un parlamento como un escenario no es adecuado:

Yo no diré quién, pero estando en el Congreso de los Diputados oí a un diputado justamente poner ese símil: "Esto es como si estuviéramos en un escenario". Pues no, aquello no es un escenario, aquello es el lugar donde reside la soberanía popular y exige a cada persona que está ahí sentada el mayor de los esfuerzos para servir a esa ciudadanía (AND2125) (véase la primera declaración del bloque anterior).

Las percepciones de los actores principales de la política se asientan en dos ideas básicas. Por un lado, la teatralización es parte del parlamentarismo, es una herramienta necesaria para ejercer el oficio de político en las cámaras de representación. En este sentido, es un instrumento del repertorio de la acción política institucional que, como se verá en breve, se activa solamente en determinados momentos y en escenarios concretos. Por otro lado, está normalizada. No solo es habitual, sino que es justificada, utilizada conscientemente y, por lo visto en algunos debates, esperada con alegría y jolgorio general. Y, además, es consustancial a la política democrática como instrumento de movilización de la ciudadanía (o de parte de ella):

> [...] Cierta teatralización tiene sentido, o sea, que al final, nuestra arma es la palabra y, por tanto, la construcción del discurso y la capacidad de que con palabras movilices a otras personas en tu favor es el arte... o sea, es la técnica fundamental de la política, ¿no?, y, por tanto, necesitas esa teatralización (MAD21234).

En breve exploraré las consecuencias de este planteamiento. Mientras tanto, quiero centrarme en la cursiva de la tercera declaración: "lo que ocurre en el pleno se queda en el pleno". Con alguna excepción que se verá más adelante, se construye alrededor de la teatralización en los parlamentos una ficción organizada consistente en que no importa lo que se haga o diga, todo queda en el pleno. Es esperado, es aceptado. "Lo que ocurre en Las Vegas se queda en Las Vegas", "lo que ocurre en el terreno de juego se queda en el terreno de juego" y lo que ocurre en el pleno se queda en el pleno, no importa mucho si son algaradas, amenazas, insidias, acusaciones graves o insultos. Es esperado, tolerado, normalizado. No afecta para el quehacer parlamentario en la política invisible. Cuando ocurre, se hace la vista gorda, como si no hubiera pasado nada (o casi nada), mientras en las comisiones se pactan las iniciativas, en los pasillos se saludan y en la zona de los pasos perdidos se negocian acuerdos. O incluso intercambian unas risas en actos institucionales. Forma parte de la lógica de disociación de la política institucional. Precisamente, en esta ficción organizada se asienta la parte institucional de la práctica democrática, que es la que permite que la democracia funcione y que los parlamentarios, a pesar de la teatralización de las discrepancias y los conflictos, puedan escucharse, hablar y negociar. Se verá en breve.

DISCIPLINA

La teatralización tiene dos aspectos que entroncan con la concepción de la política parlamentaria como una representación. Sobresale, por un lado, una faceta individual que emerge cuando se introducen en la ecuación elementos institucionales como la disciplina de grupo. Por otro lado, una faceta pública que descansa en una representación teatral en toda regla frente a una audiencia en la que se disocia el papel de actor político con la persona que ejecuta la representación. Me refiero brevemente a ambas por separado.

Todo grupo parlamentario fija una posición determinada sobre cualquier iniciativa que se tenga que votar. Esa posición debe ser defendida luego en la tribuna para sustentar el apoyo, rechazo o abstención ante una iniciativa parlamentaria. Generalmente (aunque esto no siempre se cumple), suele haber un debate previo dentro del grupo en el que se expresan argumentos, aunque lo que prima suele ser la jerarquía[40]. Pero esto no quiere decir que todas las personas del grupo estén de acuerdo con la posición adoptada. Puede haber discrepancias y el parlamentario puede tener que defender la posición del grupo públicamente. Ahí es donde suele emerger la distinción entre las convicciones personales y las decisiones colectivas. Esta disociación la planteó claramente una parlamentaria en estos términos:

Al final cada uno tenemos que tener en cuenta que, aparte de estar representando a la ciudadanía, también somos representantes de

40. La posición del grupo parlamentario puede ser fijada de maneras diferentes: tras una discusión general, decidida por los líderes del grupo u orientada por los expertos en el tema. Los datos de encuesta disponible resaltan la fortaleza de la jerarquía en los grupos con una importante presencia del debate (Jaime-Castillo y Martínez-Cosinou, 2016: 121-142). Utilizando datos de encuestas a una muestra de parlamentarios, Cordero y Coller (2015) descubrieron que las maneras diferentes de tomar decisiones colectivas en los grupos parlamentarios en España están influidas por la forma en que se selecciona a los candidatos para ir en las listas electorales: la disciplina de grupo es más frecuente donde los dirigentes del partido elaboran las listas electorales, mientras que en grupos donde las listas se hacen de manera más descentralizada e inclusiva, la deliberación y el debate son más frecuentes a la hora de tomar decisiones.

partidos políticos y, al final, bueno, pues cada partido político tiene que defender lo suyo [...] (PVA24137).

En este dilema entre las convicciones o la ciudadanía y el partido suele ganar la disciplina, la asunción del planteamiento del grupo y la representación de una defensa de algo con lo que puede que no se esté completamente de acuerdo.

Sí, sí. Para mí, no en sentido peyorativo ni negativo. O sea, realmente, a veces tienes que interpretar un papel que no concuerda con tus principios personales al 100%, pero [...] por disciplina de partido, porque tú *has aceptado el ir en una lista cerrada*, pues tienes que hacerlo creíble. Y para hacer creíble algo que no reza en tus sentimientos al 100%, la palabra "teatro" le va bien (VAL13252).

[...] hay una teatralización personal [...] la independencia intelectual de los y las parlamentarias está subyugada a la disciplina del grupo, ¿no? Esa es la primera teatralización que un parlamentario va a saber que tiene que hacer. Puede opinar, tener matices, pero si la posición que tiene que defender es esta, tiene que ponerse el traje de político y, de alguna manera, defenderlo, aunque esté de acuerdo solo en un 40%, ¿no? *Ese es su trabajo*. Y si está muy en desacuerdo, debe irse, porque no es capaz de representar lo que su grupo le dice (NAV11241).

Cuando uno sube a una tribuna, interpreta no solamente su posición, sino la de su grupo. Y eso, al final, hace que nosotros no siempre estamos 100% de acuerdo con todo lo que [decide el grupo]. Cada uno defiende luego la postura como entiende que es mejor, ¿no? Nosotros tenemos debates parlamentarios, debates de grupo, fijamos una posición y esa posición es la que se lleva [a la] gente. Coincide siempre con la que mantiene el portavoz correspondiente (AND1319).

Cuando es muy difícil defender una idea y te toca recurrir a otros mecanismos, ¿no?, cuando ni tú mismo te estás creyendo lo que estás diciendo y te toca recurrir a elementos discursivos, performáticos para hacerlo [creíble], ¿no? [...] elevas tu performatividad, tu teatralización, cuando realmente es muy difícil, con argumentos sólidos, poder defender esa posición que estás teniendo en ese momento (CAT21139).

[...] yo creo que muchas veces, pues la posición viene marcada por el partido. Y yo te diría que aquí, que incluso en la derecha, esto nos genera mucho más conflicto, porque yo me he encontrado muchas veces negociando con grupos de la derecha que te dicen: "Sí, estoy de acuerdo contigo, te lo digo aquí, en lo personal, estoy de acuerdo contigo, pero no te lo puedo apoyar". Eso, nunca lo he escuchado al revés, de alguien de la izquierda que le diga: "Estoy de acuerdo contigo, pero no te lo puedo apoyar". Sí que es normalmente al revés. Yo creo que muchas veces, pues, los grupos de derecha se ven obligados igual, a veces, a defender determinadas cosas que son más conflictivas, igual, éticamente o desde el punto de vista de determinados valores que tienen. Vienen más ya con la posición marcada de partido, a pesar de que muchas veces les genera un conflicto con su propia posición personal (GAL24167).

En su ya clásico *Exit, Voice and Loyalty*, Albert Hirschman (1970) plantea alternativas de acción para relaciones de mercado (empresas y clientes) y relaciones políticas (partidos, militantes, votantes). Frente a la alternativa de la "voz" (presumiblemente ejecutada por el diputado discordante en el seno del grupo) y el rechazo de la "salida" (dimisión, que implica desaparecer de la cámara y dejar de percibir ingresos)[41], al parlamentario le queda la "lealtad", que conduce a la percepción de la necesidad de representar un papel. Y esta lealtad es crucial en un contexto en el que las oligarquías de los partidos dominan la

41. Conviene recordar que aumenta la proporción de parlamentarios que no han tenido profesión conocida antes de dedicarse a la política. Según los datos de Bapoldata, en las primeras legislaturas de Congreso, Senado y cámaras autonómicas (comienzos de los ochenta) eran poco más de un 1%; en 2023, la proporción ya es del 15% (Benítez *et al.*, 2023). Una pregunta legítima es ¿qué incentivos tiene una persona que no tiene profesión conocida para dejar la política? Esto no implica que se cuestione a quien se quiera dedicar al oficio de político, sino que se recupere lo que sugirió Max Weber (1946: 84-87): si la élite política se nutre de personas sin oficio o profesión conocida, se corre el riesgo de generar oligarquías, puesto que estas personas tenderán a perpetuarse en el puesto. Por el contrario, si la élite política se nutre de personas que no necesitan la política para vivir (ricas, rentistas), se corre el riesgo de generar una plutocracia.

vida interna de los partidos, entre ellos el proceso de selección de candidatos, tal como prevé que ocurra la ley de hierro de la oligarquía (Michels, 1967). El sistema electoral español prevé listas cerradas (menos para el Senado) que organizan los partidos de una manera más o menos centralizada o más o menos inclusiva. Son los liderazgos de los partidos de distintos niveles territoriales quienes suelen decidir quién va en las listas electorales.

Por lo que sabemos, uno de los elementos que los parlamentarios perciben como más importantes para su selección para las listas electorales es la fidelidad al partido y sus conocimientos técnicos[42]. La combinación de estos dos factores (confección de listas y fidelidad) contribuye a reforzar la disciplina de partido en las cámaras de representación. En un contexto de normalización de la bronca política, no es extraño que se pueda percibir que para repetir en las listas, hay que cumplir las expectativas mostrando en las representaciones lo que algunos diputados han denominado "mordiente". Hay parlamentarios con "mordiente", o que son más agresivos, y otros más "blandos", o conciliadores. No es extraña la percepción de que suele haber una estrategia detrás de su elección para gestionar la construcción de una ley en función de que se la quiera apoyar o no. Y ahí, cuando la teatralización del conflicto está normalizada y con la idea de la repetición en la lista electoral, es cuando la representación ante el público (los medios de comunicación) aparece como relevante:

42. Aunque en algunas publicaciones se habla de "lealtad" (al partido), creo que, en el contexto de la selección de candidatos, el término "fidelidad" recoge mejor la idea de obediencia o adhesión que el de "lealtad", que puede implicar no suspender la capacidad crítica con la propia organización o su liderazgo. Esto no implica despreciar la obediencia o cohesión interna como mecanismo de funcionamiento en un grupo político en un entorno competitivo. Un análisis comparado sobre la selección de candidatos se encuentra en el trabajo editado por Coller, Cordero y Jaime (2018). El dato sobre la fidelidad hace referencia a la primera encuesta a parlamentarios españoles (Coller, Cordero y Echavarren, 2016). Sobre la obra de Michels y su ley de hierro de la oligarquía, véase el estudio de Linz (2009b). Nótese que para Linz (2007: 242), siguiendo la crítica del parlamentarismo de Carl Schmitt, la disciplina de partido "debilita la función del parlamento como arena para el debate y la decisión".

[...] muchas veces, que un parlamentario repita de una legislatura a otra depende de que se le conozca, para bien o para mal, ¿eh?, que aquí da igual. Si se le conoce para mal, también vale. Entonces, los parlamentarios o las personas que quieren dedicarse profesionalmente a la política necesitan que la gente les conozca, necesitan ser mediáticos, necesitan tener muchos seguidores en Twitter para que sus mensajes tengan mucho impacto o que los recojan los medios de comunicación (NAV22130).

Además de por la amenaza de no repetir en las listas, la fidelidad está reforzada por dos tipos de sanciones al comportamiento díscolo en las votaciones. En primer lugar, las sanciones materiales: todos los grupos parlamentarios tienen un reglamento que sanciona la disidencia con multas, apertura de expedientes, suspensión de funciones, expulsión. En segundo lugar, las sanciones inmateriales; lo expresaba muy bien Emma Crewe (2015: 13) respecto del Parlamento británico, donde no son infrecuentes las defecciones: para muchos diputados, "votar de manera diferente a sus colegas [correligionarios] es un acto inmoral. La sanción crucial para los que votan contra el partido —la vergüenza— es extremadamente efectiva". La vergüenza pública, el desprecio, el ostracismo son mecanismos conocidos de control social que en combinación con las sanciones materiales explican parcialmente la cohesión interna de los grupos parlamentarios y la sensación de que, en ocasiones, el propio diputado tiene que representar un papel[43].

DISOCIACIÓN

La segunda faceta de la representación es más habitual. La he llamado "disociación" porque implica la separación de la persona y del actor. Mientras la primera faceta es difícilmente

43. Puede verse un enfoque distinto en el texto de Marland (2020), quien destaca como en Canadá el partido intenta influir y controlar a los diputados a través de la figura del *whip* (látigo), persona encargada de la disciplina interna para conseguir que los diputados voten en bloque, en un contexto de comunicación instantánea y fluida.

detectable, ya que tiene una naturaleza íntima que tiene que ver con las convicciones del parlamentario y las decisiones de su grupo, la segunda es visible y tiene que ver con la representación teatralizada que hacen los parlamentarios. Tiene unos componentes variados: gestos, vocabulario empleado, tono y volumen de la voz; se ejecuta en un escenario, se hace *ante* un público y *para* un público; persigue unos objetivos concretos y, por su espectacularidad y amplificación por los medios, es capaz de ocultar a los ojos del público lo que ocurre en la parte "invisible" de la política: la construcción del acuerdo y también del conflicto.

Este tipo de representación tiene su punto culminante en las broncas habituales en los parlamentos. Se entiende mejor si se considera que es necesaria una condición: la disociación de papeles que deriva de una concepción profesional de la política que es, como refleja Alcántara (2020: 192), algo inevitable[44]. Cuando se representa, se ejecuta un papel de parlamentario enfadado o simpático, ocurrente, insultante, lo que sea. Pero fuera del atril, fuera del hemiciclo, se está en un escenario diferente que requiere también un comportamiento diferente. Para algunos, el parlamentario es un individuo que diferencia entre la persona y el político que representa un papel en la cámara. Al segundo se le puede "dar cera" desde el atril, con la primera puedes hasta llevarte bien. Desafortunadamente, no tengo datos de la frecuencia con que se observa esta disociación, pero de las entrevistas realizadas surge la idea para contrastar en el futuro de que esta disociación o visión profesional de la política es más habitual en el segmento conservador y entre los políticos más experimentados[45].

44. Cada vez es más infrecuente la figura del político aficionado, ocasional (excepto en los partidos nuevos y solo durante un tiempo), y se fortalece la presencia de políticos profesionales que prestan sus servicios (remunerados) en diferentes órganos de niveles territoriales distintos: parlamentos, ayuntamientos, ejecutivos, diputaciones provinciales, empresas públicas, puestos de designación de la Administración, puestos orgánicos en partidos. Esta es, en esencia (sin considerar la categoría de políticos que tienen un "efecto sombra"), la definición del político actual (Alcántara, 2020: 114).

45. Aun así, Sánchez-Ferrer y Coller (2021: 385) reportan que solo un 15% de parlamentarios encuestados en 2018 consideran que la política es solo un trabajo, mientras que el 85% se consideran políticos vocacionales, casi en proporciones contrarias a lo que percibe la población.

Dicen: "Tú pareces uno en tribuna parlamentaria y pareces otro cuando estamos negociando contigo acuerdos, enmiendas, tal". Y digo: "No, no, soy el mismo, solamente que ahí cumplo una función, que es una función de denuncia, una función de crítica, una función de defender ciertas ideas, planteamientos, pero cuando me bajo de eso [del atril], yo no estoy para darte el mitin a ti, yo estoy para llegar a un acuerdo para sacar adelante una ley" [...] (AND12210).

[...] El pleno es una especie de teatro. Cada uno manifiesta su posición, pero, para la salud democrática, es fundamental que se entienda así, que luego no haya una ruptura personal, ¿no? Eso es lo que diferencia de los momentos de crisis ya sistémica. [...] La vida política tiene dos aspectos. Hay una parte de teatro, de manifestar las diferencias con el otro, que tiene su ámbito [...] en el pleno parlamentario, en la rueda de prensa, en la exposición pública, y que es necesario y que es bueno, pero luego tiene que haber otro espacio para la confianza personal (CON13129).

Y a mí sí que me lo han comentado, amigos y amigas me lo han comentado, porque, no sé, igual estás entre amigos y dices: "Jo, pues estuve el otro día tomando un café", tal, no sé qué, y te dicen: "¡Jolín! Y luego, sales a tribuna y le dices tal" [lo criticas]. Y eso sí que se comenta. Pero a ver, pues no deja de ser como en un partido de fútbol, ¿no?, que tú estás jugando y puedes tener un conflicto con un jugador y lo que pasa en el terreno de juego se queda en el terreno de juego (PVA24137).

Yo creo que sí hay teatralización, y yo veo aquí a gente que esa teatralización la mantiene luego, cuando se baja de la tribuna y te lo encuentras en un pasillo o en una cafetería. Y se mantiene en ese papel, que insisto, es un papel. Y otra gente que entiende o que entendemos que tú te subes a la tribuna a defender unos intereses y, por tanto, lo haces con ímpetu, vehemencia y ganas, porque te merecen un respeto esas ideas que estás defendiendo y esas personas que te han votado para que las defiendas, pero eso no quita que tú tengas el máximo respeto, incluso puedas tener pues una cierta afinidad, o incluso amistad, con esa persona con la que has confrontado, a veces de una manera muy dura en tribuna, pero estás confrontando con sus ideas, pero luego, la persona es otra cosa, y esa persona... pues tú puedes tener una buena relación con esa persona eh... y tomarte un café tranquilamente. Y eso yo creo que es bueno para la política, porque eso ayuda mucho. Y a mí me ha ayudado a sacar adelante ese tipo de relación. Yo creo que es positivo para el ciudadano y en general para la sociedad que nos llevemos bien (AND1317).

Por otro lado, hay quienes, reconociendo la existencia de la disociación, prefieren poner barreras a la relación personal con algunos políticos concretos, ya sea por diferencias individuales o ideológicas. Así lo expresaba una parlamentaria:

Además, hay un nivel muy grande de disociación. Esto es algo que hemos comentado también a veces con los compañeros de nuestro espacio político. A nosotros nos cuesta esta disociación, en el sentido de que yo, por ejemplo, no puedo compadrear con [nombre de político conservador]. Y no puedo porque [...] le considero una mala persona. Una persona que es capaz de usar la inmigración para estigmatizar, para romper la convivencia en un barrio, que no le importa promover delitos de odio, ¿cómo puedo yo luego tomar unas copas o hacer unas risas con él? Pues me es muy difícil. Y, sin embargo, el político más versado, que ya juega con la política para conseguir sus objetivos, que no son muchas veces objetivos políticos del bien común, sino objetivos más de partido, pues es capaz de usar mucho más estas estrategias [se refiere a la disociación], que pueden confundirnos a los que tenemos como otros marcos mentales. Y entonces, a veces nos engañan mucho por ahí también (CAT24166).

Aunque la lógica de la disociación permea a diferentes partidos, se ha observado más en los grupos mayoritarios (véase la tabla 2), especialmente en los segmentos conservadores de los representantes. Pero, incluso en ese campo, la disociación entre la persona y el actor no siempre es normativamente aceptada:

Es que no soporto a una persona que diga que es diferente en el debate político a diferente cuando se toma un café contigo. Oye, cada uno, en la vida, en el ejercicio de su profesión, [...] desarrollamos facetas diferentes, pero la persona es la misma, haga lo que haga. Eso de quitarte el traje... Tú podrás desconectar, porque necesitas ir al cine, hablar con tu familia, desconectas, pero eso de quitarte el traje de político, ¿esto qué es? O sea, una persona es lo que es, para bien o para mal, en cualquier faceta de su vida. Yo hablo con muchos compañeros y no están de acuerdo conmigo. Por eso te digo que es una opinión muy subjetiva la que doy (MAD23178).

En una conferencia que dio a sus estudiantes al final de su carrera, Max Weber nos legó una apreciación que quiero usar ahora también para aventurar una idea. Weber (1946: 120 y ss.) considera que las personas que tienen la vocación de dedicarse a la política suelen estar orientados por una ética, un conjunto de ideas, creencias, principios, que guían sus acciones. Sin entenderlas como polos opuestos, sino complementarios, Weber distinguía una ética de fines últimos y una ética de la responsabilidad. La primera justifica las acciones, sus costes y los efectos que estas provocan de manera tal que no es el político quien se responsabiliza de los costes y efectos de sus acciones, sino que asigna la responsabilidad a otros elementos (el destino, Dios, la estupidez humana, el mundo exterior y otros). La ética de la responsabilidad asume la imperfectibilidad del mundo y de los humanos, y lleva al político a ponderar los costes y consecuencias de la acción a realizar, asumiendo que será responsable de unos y otras. Quede claro que Weber pensaba que la combinación de una y otra ética es lo que caracteriza al político gobernado por la pasión, la templanza y la responsabilidad.

¿Es posible que la disociación de papeles observada encaje también con una combinación ponderada de estas dos éticas? Parece que puede haber una cierta propensión entre los políticos profesionalizados (o experimentados) a diferenciar su papel, a entender que en el oficio de político la teatralización es un pilar y, por tanto, ser capaces de llegar a acuerdos con los rivales en la política invisible mientras se teatraliza el conflicto en la política visible. Es solo una idea que quizá convenga perseguir en el futuro a quien le pueda interesar.

CARA Y ESPALDA

Las elecciones del 28M de 2023 en España supusieron un tsunami para todos los partidos. La vicealcaldesa del Ayuntamiento de Madrid, Begoña Villacís, no fue reelegida. De hecho, su partido se quedó al borde de la desaparición. A mediados de junio, abandonando su puesto, hizo un discurso que se viralizó. En su alocución se despedía resaltando aspectos positivos de sus rivales y reconociendo las buenas relaciones que había mantenido con la mayoría de personas. En un momento de su despedida dijo: "[...] Estas vergüenzas que les acabo de sacar (sepa la prensa, sepa todo el mundo que son verdad, que en el fondo sabemos llevarnos bien) convierten esta profesión en algo extraño, y esto no es bueno. Convierten esta profesión en el único oficio en el que nos hablamos mejor a la espalda que a la cara"[46]. No puedo encontrar un ejemplo más claro y mejor del sentido último de la teatralización. Se hablan mejor a la espalda, fuera de foco, que a la cara, cuando todo el mundo los mira y visualizan la representación del conflicto. ¿Por qué?

Hay excepciones. Pocas, pero las hay. A mediados de diciembre de 2018, el diputado del PP por Cádiz, Alfonso Candón, abandonó su escaño en el Congreso para tomar posesión de su escaño en el Parlamento de Andalucía, para donde había sido elegido en unas elecciones autonómicas en las que su partido fue segundo tras el PSOE, aunque consiguió formar Gobierno con Ciudadanos y el apoyo externo de Vox. Alfonso Candón y el resto de la cámara asistió a un hecho infrecuente en el Congreso: uno de sus rivales políticos, probablemente el del partido en aquellos momentos más alejado ideológicamente del suyo, le lanzó públicamente una alabanza. Se trataba de Alberto Rodríguez (de Podemos), quien, tras reconocer que se había pensado mucho si decirlo, finalmente se dirigió a él desde la tribuna con este parlamento: "Nunca pensé que iba a decir algo así en

46. Las "vergüenzas" a las que se refiere son detalles personales que muestran una buena relación personal entre rivales políticos. El discurso se puede consultar en https://bitly.ws/35Ney.

esta cámara y menos a un diputado del PP, pero lo echaremos de menos y le diré algo que es una de las cosas más bonitas que se puede decir: es usted una buena persona y le pone calidad humana a este sitio"[47]. Otros portavoces de otros grupos fueron más comedidos, pero en la misma línea. Candón le devolvió los halagos cuando Rodríguez fue nombrado secretario de Organización de Podemos.

En todo parlamento, en realidad, en casi cualquier circunstancia de la vida, existen normas implícitas, contratos implícitos que modulan los comportamientos de las personas en sus relaciones y que, en algún momento, se rompen o, sencillamente, dejan de tener sentido. Levitsky y Ziblatt (2018: 247) hacen descansar el funcionamiento robusto de la democracia, precisamente en esas normas implícitas (tolerancia mutua, contención en la instrumentalización de las instituciones, aceptación de la legitimidad del rival) que rodean a las instituciones como "una capa superior de entendimiento compartido de lo que se considera un comportamiento aceptable", de manera que estas normas implícitas "indican a los políticos cómo comportarse, más allá de los límites de la ley".

Entonces, se puede formular una cuestión que es similar a la que se planteó el *alter ego* de Vargas Llosa en *Conversación en la catedral* cuando se preguntaba: "¿En qué momento se había jodido el Perú?". ¿En qué momento las broncas, las algaradas, las trifulcas, los insultos, las amenazas, la violencia simbólica se comenzaron a normalizar en los parlamentos? ¿En qué momento se deterioraron esas normas implícitas que, por ejemplo, facilitaban que el presidente del Gobierno y el líder de la oposición mayoritaria pudieran cenar y conversar o que limitaban implícitamente el exceso de violencia verbal en la cámara? ¿En qué momento comenzó a aceptarse que un responsable político llamara a otro rival "hijo de puta" o "mongola" y sin atisbo de vergüenza se legitimara ante la ciudadanía disfrazándolo

47. Tiempo después, cuando a Rodríguez le nombraron secretario de organización de Podemos, Candón correspondió también con alabanzas. Puede leerse aquí: https://bitly.ws/35Nfy.

de "me gusta la fruta" o "me mola"? ¿En qué momento se empezó a aceptar que un candidato con los votos para ser investido intentara humillar a su rival riéndose de él o que ese rival pusiera en duda la salud mental del primero? ¿A partir de qué momento parlamentarios rivales que en privado son amigos o se llevan bien empiezan a evitar verse en público por temor a sus parroquias respectivas? Obsérvese esta contribución reforzada por los datos del último capítulo:

> Los medios de comunicación son muy traicioneros y podrían sacar ciertas cosas de contexto porque la experiencia nos dice que ya lo han hecho. Ya te digo que mantengo buena relación con muchos compañeros diputados del Partido Popular, y no pasaría nada [si se les vieran juntos], pero sería raro, extraño y los medios de comunicación harían mucha mella en eso. Y por eso ni a ellos los verán ustedes conmigo o con cualquier otro compañero ni a nosotros con ellos, por eso, precisamente, porque luego está la carnaza política, que nos hace mucho daño a la organización. [...] cuando esto salta a los medios de comunicación, empiezan a especular y se crean ciertas desavenencias dentro de la misma organización (AND2114).

En suma, ¿cuándo se produce ese punto de inflexión, si se puede identificar? Francamente, no lo sé. Si se mira el gráfico 3, cualquiera puede sacar sus conclusiones, aunque me temo que en la interpretación estaremos nuevamente frente al efecto Rashomon: cada persona verá la realidad desde un punto de vista diferente. Seguramente, si se tiende más a la izquierda, puede que el culpable se busque en el "aznarismo" (PP) y en la electoralización de todo asunto político, incluyendo la política antiterrorista, como sugieren Maravall (2008: 89 y ss.) y Urquizu (2021: 18). O quizá se prefiera responsabilizar a PP y Vox de la radicalización de los discursos y prácticas políticas como, seguramente, hacen algunos analistas a raíz de las algaradas callejeras y acoso a diputados en las jornadas posteriores al acuerdo entre el PSOE y JxCat para la investidura de Sánchez en noviembre de 2023.

Si se tiende más hacia el polo de centroderecha o conservador, seguramente se le eche la culpa al "rodillo" inicial y corrupción final del "felipismo" (PSOE) o al "independentismo", al "sanchismo", al "golpismo independentista catalán", a una combinación de ambos o al "zapaterismo", como hacen algunos catedráticos eméritos (Aragón *et al*., 2022: 26). Si se está próximo al PSOE o al PP, seguramente pueda culpabilizar a Podemos primero y a Vox después por polarizar la vida pública con radicalismo y populismo.

Más allá del "ismo" por el que cada persona se incline, quizá pueda ser relevante saber cuándo y dónde se ubica ese punto de inflexión y su naturaleza incrementalista, hasta el punto de que la bronca, la trifulca, la algarada se normalizan en la vida parlamentaria y se vierten sobre la sociedad. Dejo a otras personas esta indagación y el reparto de culpas. Personalmente, me preocupan más los efectos que esto tiene sobre la calidad de la democracia. La normalización desborda los límites de la cámara de representación. Hasta los propios protagonistas reconocen que su comportamiento permea la sociedad con consecuencias indeseadas, como se ve en el capítulo que cierra este libro.

En este capítulo he intentado mostrar que el oficio de político requiere un repertorio de acciones con las que la persona se relaciona con los demás. En este repertorio está la teatralización, que es usada en las instituciones de representación de la ciudadanía para relacionarse con los rivales, especialmente para hacer visibles y centrales las discrepancias. La teatralización tiene un componente individual o "hacia dentro" en el sentido de que es la respuesta a una contradicción con la postura general del grupo parlamentario. La disciplina de grupo es usada para explicar la teatralización. Tiene también una dimensión colectiva o "hacia afuera" que se asienta en parte en una disociación entre la persona y el actor que participa como protagonista en la representación. Y es precisamente esta diferenciación la que permite entender mejor que durante la teatralización de la diferencia dos personas pueden estar a la greña en la política visible, pero después tener una relación más bien cordial o, cuando menos, respetuosa, en la política invisible.

Ahora bien, la teatralización no ocurre en todo momento y lugar. En el capítulo siguiente intento explicar en qué escenarios y bajo qué condiciones es más probable que se observe el fenómeno de la teatralización.

Resalto lo que transmitió una parlamentaria que replica lo que ocurre en todas las cámaras:

> […] la teatralización, ya lo digo yo, que aquí, por ejemplo, en el Congreso, es los miércoles de 9:00 a 10:30 de la mañana, que es la sesión de control. Eso sí que es el teatro en el máximo exponente (CON23264).

La existencia frecuente de broncas, trifulcas y algaradas en las cámaras de representación, su normalización entre los políticos y los medios de comunicación, la expectativa de que se repitan cuando se dan ciertas circunstancias, las convierten en una acción política asimilable a un ritual. Un ritual es un conjunto de acciones esperadas, planificadas, repetidas, que marca una diferencia con la cotidianeidad de la vida y que persigue objetivos específicos que pueden ir desde la legitimización de un nuevo líder político (debates de investidura) hasta la rendición de cuentas (sesiones de control al Gobierno, interpelaciones, mociones), pasando por la movilización ciudadana (campañas electorales) o la creación de leyes (procedimiento legislativo).

Probablemente sea David Kertzer (1988) uno de los que más se ha dedicado a estudiar los rituales en política[48]. Son actos previsibles, esperados, repetidos, que tienen lugar en espacios determinados y en momentos también predecibles, y que se asume que, inevitablemente, van a ocurrir en ese momento (plenos, acontecimientos importantes) y en ese espacio (cámara) que adquiere un significado institucional asimilable a lo sagrado. Es el sitio donde pasan las cosas extraordinarias, fuera de lo habitual.

Se puede plantear el siguiente pseudoexperimento casero: observe cualquier sesión de control al Gobierno en el Congreso o en cualquiera de las otras cámaras de representación en España, pero antes de verlo intente anticipar si habrá algaradas, desplantes, insultos, acusaciones o gritos. Vea por YouTube alguna sesión. ¿Los ha habido? Era previsible, es esperado. Hay expectación entre los medios no solo porque es una sesión importante, sino también porque arrojará perlas suculentas. La expectación y presencia de los propios medios conforman también estos rituales, muestran su previsibilidad. Kertzer nos dice que los rituales nos ayudan a dar sentido a nuestra existencia, nos dan certezas (nada más cierto que en una sesión de control o en un debate de investidura vamos a tener un buen entretenimiento) y nos dicen cómo es el mundo, un lugar en el que en las cámaras de representación los rivales se abuchean, se insultan, se acusan, se gritan, se ridiculizan cuando se encienden los focos. Este es el tejido del que están hechos los momentos más sobresalientes de la política española, los rituales informales a los que todo ciudadano está expuesto a través de los medios de comunicación. Pero estos rituales ocultan también (a quien no quiere verlo) una parte menos bronca del iceberg político: la construcción de acuerdos y disensos entre rivales que se hace en la parte "invisible" de la política.

48. Kertzer (1988: 3) define los rituales como "comportamientos simbólicos que están socialmente estandarizados y repetitivos" que ocurren en "ciertos lugares y momentos que están revestidos de significado simbólico". Otros enfoques complementarios se pueden ver en Rai y Johnson (2014).

Una representación ritualizada puede observarse mejor y con más frecuencia en las broncas a las que sus señorías tienen acostumbrada a la ciudadanía en momentos estelares de la política institucional: sesiones de control al Gobierno en cualquier cámara, debates sobre el estado de la nación o la autonomía correspondiente, mociones de censura o de confianza, discursos de investidura, reprobaciones de miembros del Gobierno, interpelaciones y situaciones parlamentarias similares. Si se escribe en cualquier buscador "broncas en el Congreso", se podrá visualizar bien a lo que me refiero. Si se sustituye "Congreso" por "Asamblea de Madrid", "Corts Valencianes", "Parlamento de Navarra" o el nombre de cualquier otra cámara de representación, se tendrá una aproximación a la extensión del fenómeno[49]. Muy probablemente, se verán alborotos, insultos, gritos, algaradas, llamadas continuas al orden que se ignoran también continuamente, expulsiones de la cámara, abandonos en grupo, gestos amenazantes o amenazas directas, violencia simbólica. Son manifestaciones de conflictos políticos que se visibilizan de esa manera entre rivales, nunca entre correligionarios. No transmiten la idea de una relación cortés o cordial entre rivales, sino todo lo contrario, una relación recorrida por un conflicto agudo, crispado.

En los vídeos del Congreso se pueden ver las caras de los representantes que conforman el público espectador de estas broncas en vivo. Sus gestos son elocuentes: hablan con las extremidades. Estas representaciones de broncas parlamentarias se aproximan a la idea de rituales porque se repiten en el tiempo, son esperadas, previsibles, hay una cierta expectación, son momentos de verdadera efervescencia colectiva amplificada

49. Aquí pueden consultarse algunos enlaces de vídeo que recogen algunas broncas recientes en el Congreso (https://bitly.ws/35NLU) y en la Asamblea de Madrid (https://bitly.ws/35NNT). Pueden verse también las crónicas de García (2022), López de Miguel (2023), otra sobre Les Corts Valencianes (Hernandis, 2022) o sobre el Parlamento de Navarra (https://bitly.ws/35NNq). Son solo algunos ejemplos que salen sin esforzarse mucho buscando en internet. Hay también una aportación en clave humorística para evitar las broncas: que en el Congreso se deje hablar de política (Puig, s. f.). En el Parlamento de Navarra (https://bitly.ws/35NNq), en las Corts Valencianes (https://bitly.ws/35NNH) y en la Asamblea de Madrid (https://bitly.ws/35NNT).

por la presencia de los medios con sus focos y sus *flashes*. Es decir, están normalizadas.

ESPECTÁCULO

No cabe duda de que la parte visible de la política parlamentaria, muy especialmente la que concierne al Congreso de los Diputados, se ha convertido en un espectáculo. La espectacularidad y efectismo de las intervenciones de los diputados en una "bronca" en cualquier cámara tiene grados. No es lo mismo un comentario mordaz que una algarada grupal, aunque no es difícil imaginar que el primero suele llevar al segundo. Se puede detectar una cierta aceptación del primero como algo habitual del parlamentarismo, efectista, que rompe la monotonía de las sesiones e incluso que puede arrancar las carcajadas de la cámara y del público[50]. Es más, en algunas ocasiones puede ser visto como una forma de relajación de la tensión parlamentaria:

> [...] le confieso que también es una forma de divertimento, ¿eh? [...] muchas veces y cuando llevas tantas horas y escuchas alguna cosa, pues también dices "espérate, ahora me lo voy a pasar bien yo; ahora te voy a recordar esto, te voy a hacer...". Sí, sí. Esto ocurre. [...] hay ese componente, ¿no?, un poco de más de relajación, de pasarlo bien. No de ridiculizar al contrario [...] (AND1228).

A veces se puede sospechar que la propia sociedad demanda ese tipo de "alegrías" parlamentarias, aunque se percibe también un coste interno para el parlamentario: si no lo haces, si no das cera, si no repartes *zascas*, si no cumples con el punto de *hooliganismo* que se espera, no eres buen parlamentario. Se espera del diputado que encaje en ese molde. Y termina cumpliendo con las expectativas:

50. Sugiero darle un vistazo al texto de Carandell (1998).

El parlamentarismo también tiene que tener esos momentitos, ¿eh? Acuérdate que, afortunadamente, en España ha habido momentos en los que el parlamentarismo tenía un nivel increíble. Esas anécdotas que todos hemos leído en alguna ocasión, donde sin faltarse al respeto, pero se decían de todo. Me imagino que conocéis aquella famosa anécdota en la que un diputado le decía: "Pero usted, ¿cómo viene aquí a decir esto, si usted utiliza una ropa interior que, por lo visto, es tal?". Y otro le dijo: "No sabía yo que su mujer era tan indiscreta". ¡Fíjate las barbaridades! [...] Pues esas cosas, yo creo que tienen que formar parte del parlamentarismo, porque hay que darle gracia a la cosa también, ¿eh? A mí, no me molesta. Todo lo contrario. Es más, cuando en alguna ocasión alguien dice: "¡Joder! Es que hay que tener cuidado. Es que tenemos que, no sé qué". No, no, no, no. Nosotros tenemos que demostrar también que, en el debate parlamentario, aparte de aquello que es trasladable a la sociedad por las decisiones que tomamos, pero yo creo que en el parlamentarismo hay que dejar frases, ¿eh? Hay que demostrar que en un parlamento se parlamenta, y que un debate hay que enriquecerlo de muchas maneras (EXT13142).

Yo creo que es evidente que hay mucho teatro, pero es que yo, que vengo desde el mundo local y que siempre he sido mucho más técnico que político, a mí me da la sensación de que incluso la opinión pública, a veces, lo que busca más no es una solvencia técnica, sino, por poner un ejemplo [...] busca [nombre de parlamentario] [...] ¿no?, gente que es muy divertida, hace muy bien el discurso, hace la bronca cuando toca, pero a lo mejor, no tiene mayor fondo. Y yo creo que eso también es un error, ¿no? A veces estamos mal y supongo que redes sociales, como Twitter sobre todo, también llevan a que se valor[e] más el *zasca* que no el argumento en positivo, constructivo y calmado. Y parece que si no gritas en tribuna o que si no eres muy vehemente —ya no digo gritar, pero si no eres muy vehemente—, si no eres muy hiriente con las otras posiciones, pues que ya es mal parlamentario (CAT11147).

Una trifulca, como las que se pueden ver en algunos momentos estelares de nuestro parlamentarismo, es la teatralización en su grado más elevado. Así es percibido por un amplio segmento de representantes independientemente del partido, la cámara u otras consideraciones. En la encuesta que se pasó a los parlamentarios españoles en 2022-2023 se les preguntó su grado de acuerdo con la frase: "Las broncas en los plenos responden, en gran medida, a una teatralización de la política".

TABLA 5

GRADO DE ACUERDO CON LA FRASE 'LAS BRONCAS EN LOS PLENOS RESPONDEN, EN GRAN MEDIDA, A UNA TEATRALIZACIÓN DE LA POLÍTICA' (EN %)

PARTIDO	EN DESACUERDO Y MUY EN DESACUERDO	NI DE ACUERDO NI EN DESACUERDO	MUY DE ACUERDO Y DE ACUERDO	TOTAL (N)
1. PSOE	16	18	66	176
2. PP	15	21	64	142
3. Podemos	5	14	81	100
4. Cs	6	9	84	35
5. Vox	5	29	66	32
6. ERC	16	7	77	35
7. JxCAT	13	21	66	14
8. PNV			100	14
9. Otros: izq. y centroizq.	8	19	73	48
10. Otros: der. y centroder.		20	80	18
Total	13	19	68	532

Nota: Porcentajes redondeados al entero más próximo. El grado de acuerdo se mide con una escala Likert en la que el valor 1 equivale a "muy en desacuerdo" y el valor 5 a "muy de acuerdo".
Fuente: Coller *et al.* (2023a).

Más de dos tercios (68%) estaban de acuerdo o muy de acuerdo y solo poco más de 1 de cada 10 se mostraba en desacuerdo (13%), tal como se aprecia en la tabla 5. Es cierto que en los partidos grandes el grado de acuerdo con esta frase es menos intenso pero rayano en los dos tercios. Las broncas, las algaradas, no son solo normales, sino que forman una parte constitutiva del repertorio de la acción política. Al normalizarlas, son esperables de manera que nos resultaría extraño ver, por ejemplo, un debate del estado de la autonomía sin que hubiera su pequeño o gran espectáculo de declaraciones gruesas, gritos, gestos airados. Resulta difícil imaginar una sesión de investidura o una sesión de control al Gobierno sin su dosis de teatralización, de visibilización de las diferencias a través de la bronca, la trifulca, la algarada. Está normalizado. Así, la política se convierte en un espectáculo, un *show*, y la cámara de representación en un plató iluminado por focos de medios de comunicación diversos:

Que es como un *show* que lo que busca es el entretenimiento, ¿no?, el resultado inmediato, o sea, el conflicto con un resultado inmediato. [La política] no se basa en el raciocinio, se basa en generar sentimientos, o sea, en sentimentalismos baratos con mensajes claros, muy, muy absolutos, directos (GAL23163).

[...] Es que eso [debates en comisión] es el trabajo diario del Congreso, salvo los miércoles de 9 a 10:30, que eso ya es el *show* (CON23264).

De hecho, no sé si has tenido la ocasión de ver algún debate en el Congreso de los Diputados últimamente, pero ahí es como un plató de televisión [...] Y, por lo tanto, la gente hace política para poder comunicar. Y los canales son esos. Y eso transforma el Congreso en un plató de televisión. Y es el plató por antonomasia (CON21143).

Estas citas solo añaden color confirmatorio y alguna matización al hecho de que 7 de cada 10 parlamentarios creen que las broncas forman parte de la teatralización (68%). En la mencionada encuesta se les ofreció a los parlamentarios que indicaran en qué momentos era más frecuente que hubiera "broncas" en los plenos. Se les facilitó cinco escenarios que se reflejan en la tabla 6. Cierto, se les podría haber ofrecido más, pero nos pareció, *a priori*, que estos podrían ser los más relevantes.

Por término medio, se aprecia en la tabla 6 que los parlamentarios perciben que tanto la cercanía de las elecciones como las sesiones de control al Gobierno son los escenarios en los que la visualización del conflicto político es más frecuente, seguido por la presencia de medios y la parafernalia asociada (cámaras, focos, micrófonos). De hecho, el valor de la escala

0-10 con el que muestran su acuerdo en estos tres elementos con más frecuencia (moda) es el 10. Es decir, entre los parlamentarios también existe la percepción de que en los momentos de más visibilidad de la cámara (sesiones de control, que suele llevar aparejada una mayor presencia de medios, y en periodos preelectorales) suele suceder ese comportamiento que mueve a la representación visual y verbal de una discrepancia o de un conflicto entre los que defienden posiciones diferentes; es decir, a la bronca, la algarada.

TABLA 6

PERCEPCIÓN DE LOS ESCENARIOS DONDE LA BRONCA ES MÁS FRECUENTE

	MEDIA	MODA	PROPORCIÓN IGUAL O POR ENCIMA DE LA MEDIA DEL ÍTEM
Cercanía de las elecciones	8,6	10	83
En las sesiones de control del gobierno	8,4	10	77
Presencia incrementada de medios	7,8	10	78
Presencia de líderes políticos en la cámara	7,4	8	72
Presencia de organizaciones o personalidades invitadas en el pleno	6,4	5	64

Nota: Se ha utilizado una escala 0-10 donde 0 significa "nada de acuerdo" y 10 "muy de acuerdo".
Fuente: Coller *et al.* (2023a).

La cuestión que se plantea entonces es la siguiente: ¿qué elementos nos ayudan a entender este fenómeno? Hay varios factores que se tratan en este y en el capítulo siguiente. Son elementos que, manteniéndose otros factores iguales, intensifican la teatralización: en la política visible (plenos), pero no en la invisible (comisiones, pero, sobre todo, las ponencias), cuando hay plenos, cuando hay público (medios de comunicación), cuando se tratan ciertos temas que hacen referencia a las creencias nucleares, cuando hay elecciones próximas, en escenarios multipartidistas, cuando se mira por el rabillo del ojo a los votantes para no soliviantarlos (especialmente cerca de las elecciones) y cuando se quiere marcar territorio dentro y fuera del bloque ideológico (derecha-izquierda). No son los únicos factores, seguro, pero son los que suelen aparecer en los discursos de los parlamentarios.

PLENOS

El escenario natural para la "política institucional espectáculo" es que haya una sesión de pleno en la cámara. Sin pleno, no hay broncas, trifulcas, algaradas. Los representantes diferencian perfectamente entre el pleno y la comisión en términos de escenario probable para la bronca y el espectáculo. Se podría decir que en el pleno se desarrolla la política más visible, mientras que en las comisiones y ponencias se desarrolla la política invisible (o menos visible, porque las comisiones también se pueden ver por canales de televisión específicos).

En las comisiones, pero sobre todo en las ponencias, se hacen aportaciones, se discuten ideas y planteamientos, se construyen acuerdos y conflictos. Hay menos público y menos participantes, el ambiente se presta menos a lo que Durkheim denominó la "efervescencia colectiva" que surge del "estar juntos"[51]. Son más técnicas. No hay focos, no suele haber observadores externos, audiencia, es más como una reunión en *petit comité*, como indicaba un representante, donde se conocen todos. Las comisiones, y especialmente las ponencias, son como las bambalinas, donde hay menos exposición pública, te ves las caras con más proximidad, te juegas la reputación como parlamentario que conoce el tema que se trate, hay menos participantes e, incluso, puede haber una cierta presión de grupo para evitar las broncas y algaradas.

En los plenos hay más personas, más público, más iguales (correligionarios, compañeros de bancada), hay más focos, el guion está más o menos escrito, pero es más anónimo y, por tanto, más irresponsable, facilitador del *hooliganismo*, y

51. La efervescencia colectiva ayuda a explicar por qué una persona no se comporta igual en soledad o en un grupo reducido que cuando está en una manifestación, en un campo de fútbol o en un pleno parlamentario. Emile Durkheim (1965: 248-249) empleó este término para indicar que cuando las personas se reúnen (él estudió los clanes de unas tribus), se comportan de manera diferente, hacen cosas distintas a las de su vida diaria, cotidiana, y este "estar juntos" transfiere un carácter sagrado a esos momentos y espacios en los que se produce. Se puede encontrar una aproximación a este aspecto de la obra de Durkheim en el texto de Coller (2007).

hay expectativas de algarada puesto que es lo normal, habitual y esperado en estas ocasiones. El pleno, en terminología de las ciencias sociales, es un espacio sagrado en el que están todos los actores y acontecen cosas extraordinarias que no tienen lugar en el día a día, en la cotidianeidad de la vida parlamentaria:

[...] Cuanto más público es un debate, pues la teatralización es mayor, ¿no? Desde luego, la teatralización en un pleno es mayor que en una comisión y mayor que en una ponencia. Las ponencias son a puerta cerrada y de ámbito reducido, y ahí, normalmente, el clima no tiene nada que ver a cuando hay cámaras [...] (NAV14236).

[...] Existe una teatralización que es mayor cuanto mayor es el nivel de exposición pública; es decir, el nivel de teatralización en un pleno del Parlamento es infinitamente mayor que en una comisión, porque el pleno sí que, digamos, circunstancialmente puede *trascender las paredes* de la Asamblea. Sin embargo, una comisión es mucho más difícil. De hecho, se llegan a muchos más acuerdos en las iniciativas que se presentan en comisiones que en las iniciativas que se presentan en los plenos, los debates son mucho menos broncos (MAD11133).

Los plenos es el momento de la teatralización máxima. [...] En las comisiones, algo menos, porque las comisiones, da la impresión de que es como más en *petit comité*. [...] [En los plenos] siempre hay mucha confrontación. Los plenos suelen ser muy tensos (AND13115).

[...] El nivel de escenificación se incrementa de forma proporcional a la publicidad que tiene el evento. O sea, si estamos en un gran pleno del estado de la autonomía o en un pleno en el que hay atención mediática, por lo que sea, la teatralización sube (GAL13262).

Es decir, hay una teatralización de las discrepancias con los rivales que muestra un conflicto en los plenos. Hay una representación teatral en sentido goffmaniano. Un pleno puede durar varios días y está repleto de actividades, pero el momento estelar es el del control al Gobierno, el escenario óptimo para estas representaciones teatrales. Ahí es donde se baten el cobre los líderes políticos, donde más medios acuden y donde más expectación hay. Ahí es donde se producen las representaciones más notorias.

El diputado de ERC Gabriel Rufián, probablemente el más dramatúrgico de los parlamentarios, pero no el único, acostumbraba a llevar artilugios diversos (una impresora, unas esposas, unas balas, por ejemplo) para complementar sus discursos/actuaciones en las sesiones de control al Gobierno. La entonces vicepresidenta Soraya Sáenz de Santamaría le recriminaba que en esas sesiones el diputado representara su "teatrillo" habitual[52]. Debo reconocer que esta terminología ha inspirado este libro.

Si el pleno, en muchas ocasiones estelares, es un escenario de representación, las comisiones no son miniseries monográficas (Molina, 2021: 113), ya que se prestan mucho menos para la representación de las discrepancias. Esto no excluye que, según el tema que se trate, también se preste para la algarada, pero es muchísimo menos probable. Y el tema, como se verá en breve, no es un asunto menor. Por tanto, si no hay pleno, es difícil que haya una representación teatral en sentido goffmaniano. Puede haber trifulcas en las comisiones, pero son infrecuentes. En las ponencias son altamente improbables. Y dentro del pleno, el escenario más propicio (pero no único) es la sesión de control al Gobierno.

PÚBLICO

Otro elemento que aumenta la probabilidad de que haya una bronca política es la existencia de público, ya sea presencialmente en las gradas de la asamblea, virtualmente a través de

52. La referencia aparece en el *ABC* (https://bitly.ws/35Paw) y en *El País* (https://bitly.ws/35PaB). Puede verse a Rufián mostrando unas esposas en https://bitly.ws/35PaP, otro mostrando una impresora en https://bitly.ws/35Pb5 y otro enseñando balas en https://bitly.ws/35Pbf. También puede consultarse una lista con algunas de sus "actuaciones" en De Diego (2018). El "teatrillo" no es privativo de Rufián, como puede leerse en https://bitly.ws/35PbT.

internet o por transmisión directa de la radio o la televisión, o en diferido a través de la prensa escrita, pódcast, YouTube. Es esa condición y no otra la que parece ser fundamental a la hora de explicar con factores externos la existencia de la visibilización de conflictos verbales y gestuales extremos en las cámaras[53]. Los medios acuden como las moscas a la miel cuando hay sesión de control al Gobierno, por lo que es complicado desvincular para el análisis una condición de la otra. La presencia de público, la ciudadanía, la sociedad, es la *conditio sine qua non* para la bronca, intermediada por la presencia de medios de comunicación representados en los focos utilizados por los periodistas gráficos: cuando hay focos, hay bronca. Sin focos (por ejemplo, en las ponencias o comisiones) el clima es más cooperativo:

Pues yo creo que es más visible cuando sabemos que nos están viendo [como] en un pleno [...] [o en] la sesión de control al presidente [...] o en algún debate muy puntual que sabemos que tiene mucho interés. [...] Yo creo que esa teatralización se hace más cuando sabemos que vamos a tener más espectadores, cuando el teatro está lleno, más que cuando el teatro está vacío [...] Se trata de captar la atención en un breve espacio de tiempo y en captar la atención de muchas personas que están distraídas con otras cuestiones. [...] La manera de llamar la atención seguramente sea exagerando cuestiones [...] y supongo que será por esa razón, ¿no? (AND23213).

La teatralización no sirve de nada si no tienes público y no tienes un escenario, y aquí, [...] cuando se cierran las cámaras, la relación es otra (CON21268).

[...] cuando hay púbico, porque yo he estado en comisiones a puerta cerrada y no tiene nada que ver cómo se debate en esas comisiones a cómo se debate cuando hay una cámara (EXT11265).

53. Si usamos factores internos, tendríamos que entrar en la esfera de la (buena o mala) educación, la cortesía, que son elementos individuales que se escapan a este análisis. También el carácter, como señaló una diputada explicando la dramatización: "También hay un tema personal, hay gente que es más histriónica y dramática de por sí" (CAT21139).

Cuanto más foco hay, más *show* hay, ¿vale? [...] Y entonces, claro, la atención mediática es lo que hace que los actores, pues, oyes, se *vengan arriba*. Es mi opinión (CON23264).

Yo creo que [hay más teatralización] en las sesiones de control parlamentario del Gobierno, en los plenos, que es lo que sale por la tele y en los medios; es como en las campañas electorales, ¿no?, que buscas el corte [...] el mensaje para la tele [...] (CAT24251).

Mira, yo, con la experiencia que tengo, que ya va casi para los ocho años, tengo demostrada una cosa: los mayores acuerdos [...] los hacemos donde no hay cámaras de televisión, donde no buscamos un titular para la prensa. Ahí no tenemos ningún problema en acordar, en pactar. [...] hemos llegado a acordar [con] seis grupos, pues a lo mejor, 200 artículos seguidos en una ley que luego (voy a hablar mal) se ha jodido por buscar un enfrentamiento en el pleno (NAV21238).

[...] cuando tú estás defendiendo algo que encima están las personas allí [como público], tú quieres mostrar que te importa, tú quieres mostrar que eso realmente es genuino, ¿no? Y ese componente de teatralización también entra (CAT21139).

Es evidente que en los debates en pleno es mucho más intenso el teatro, es evidente, tiene mucha mayor repercusión mediática y se utiliza, desde luego, pues, en fin, como altavoz de las posiciones partidistas que en muchos casos se defienden en los debates plenarios (GAL11257).

Pero un observador externo no puede llamarse a engaño. A veces no hay público que asista a los discursos de los parlamentarios porque sus compañeros están en otras labores. Otras veces sí hay público, pero están a otras cosas y no prestan mucha atención. ¿Se teatraliza entonces? Se puede observar en algunos debates retransmitidos por la televisión en los que un diputado habla, pero nadie parece escucharle. Sin embargo, puede estar gesticulando, elevando el tono, haciendo chanzas, "viniéndose arriba", interpelando airadamente a personas que no están presentes. La analista acertaría haciendo lo que sugería Groucho Marx: no se deje llevar por las apariencias y no crea a sus ojos, sino a la diputada que habla ahora.

Muchas veces tienes un Congreso vacío, lo que pasa es que eso no se ve cuando sale en la tele. Y ves al diputado haciendo una actuación maravillosa e incluso subiendo airadamente, ¿no?, gritando y demás; pero es para la cámara, porque delante muchas veces no hay nadie, la gente que hay está mirando el móvil o el iPad o hablando con el de al lado (CON21143).

Creo que es un ejemplo delicioso de teatralización, de representación de un papel (el diputado airado, venido arriba, criticando, gesticulando) ante un auditorio vacío o distraído con otras cosas. Pero a quien se dirige ese diputado no es al auditorio presencial, sino a otro público. Se supone que hay una audiencia general, inespecífica (la sociedad) que podrá escucharlo en los medios, pero hay tres tipos de público más a los que se suelen dirigir los protagonistas: el electorado del parlamentario que representa el papel, el conjunto de la cámara que supuestamente escucha el discurso o la diatriba entre rivales (incluyendo al resto de parlamentarios y al público en las gradas) y los propios compañeros de bancada.

Trataré más adelante la relación entre el parlamentario y su electorado. Ahora me gustaría centrarme en ese representante al que parece que nadie escucha. El mensaje lo dirige a su electorado (incluyendo los militantes de su partido), pero también a sus compañeros de bancada, de manera que la cámara de representación se convierte también en un plató de pruebas similar a una audición, un *casting*, para ocupar posiciones en el futuro[54]. Adaptando a Merton (1980: 126), algunos discursos parlamentarios cumplen dos funciones. Por un lado, una función manifiesta que consiste en lanzar un mensaje

54. Y aquí, con este ajuste a las expectativas y la generación de cámaras de eco, se puede estar generando la identificación intragrupo, la cohesión interna del grupo que, como nos recuerda Torcal (2023: 37), es la base de la polarización afectiva, incluyendo la hostilidad hacia los de fuera del grupo.

ideológico o "dar caña" a un rival o justificar el voto a una iniciativa parlamentaria. El discurso sirve para lo evidente. Por otro, una función latente, no tan obvia, que consiste en mostrarse ante sus compañeros de grupo. Esta función latente sirve para ganar puntos de cara al futuro, mostrando unidad y cohesión, señalándose como uno del grupo o para enseñar una fachada determinada que encaje con las expectativas del grupo. Francamente, no puedo decir el porcentaje de parlamentarios que recurren a esta práctica, pero existir, existe:

[...] Los parlamentos son como una especie de ecosistemas en el que el parlamentario cree que todo lo que hace y lo que dice lo está escuchando la gente y, al final, terminas teniendo una comunicación endogámica, que es para los tuyos y para un círculo muy pequeño. Y eso va perfilando tus actuaciones, pero está lejos de la realidad (CYL12232).

Pues cuando teatralizas de más; es decir, la hipérbole en tu discurso se nota, y más cuando nos conocemos aquí, ¿no? Porque tú, a lo mejor, has escuchado a ese diputado hablar mil veces, sale y dices: "Pero ¿qué está haciendo?". Está teatralizando en exceso, ¿no? Ese postureo que ya canta. Y eso me parece cutre [...] porque muchas veces se hace incluso de cara interna, ¿eh?, para venderte, digamos, de cara a tus compañeros. Eso también se da mucho (EXT11265).

Y ahí [en los plenos de control del Gobierno] sí que es verdad que creo que es el máximo teatro y es a ver quién dice la frase más elocuente, el que consigue el *trending topic* (CON23264).

La dinámica que se genera en el pleno, un poco en el ámbito grande, es una dinámica donde parece que hay como una especie de desfile de diferentes parlamentarios y parlamentarias, muchos de ellos jóvenes, que es como un *casting*. A mí me da la sensación de que es un *casting* donde cada uno hace su discurso, buscando el aplauso, a ver quién dice la burrada mayor. Y ahí es donde se dicen esas cosas de "social-comunista", "bolivarianos" que no vienen a cuento con los temas de debate. Es que no vienen a cuento. Son cosas completamente absurdas, pero bueno, es como lo que se lleva, es la moda y es el *casting* para la colocación en el escalafón de las listas electorales futuras. A mí me parece bastante absurdo. Sin embargo, luego, [...] en las comisiones de trabajo, donde estamos 18 personas [...] el debate es completamente diferente. Si ha habido algún amago de dar golpes en la mesa, cosas así, oyes, nos llaman la atención y dicen: "Oye, por favor, eso parece un acto un poco gamberro. Que estamos pocos. Que nos podemos mirar a los ojos". La discusión es completamente distinta (MAD11133).

No es difícil sospechar que el desfile, el *casting* probablemente sea ejecutado por los parlamentarios más jóvenes, quizá los que acaban de entrar en la cámara tras las elecciones o han entrado en sustitución de otro parlamentario cesante[55]. Son los que con toda probabilidad precisan "hacer méritos" para continuar. Tampoco es difícil sospechar que estos nuevos parlamentarios intentarán ajustarse a las expectativas que se tienen sobre ellos o que ellos perciben o interpretan que se tienen sobre ellos. Y ahí es donde puede desempeñar un papel relevante la normalización de la bronca y la algarada, y su transformación en una expectativa de conducta: dar caña o dar cera al rival.

Al final, esta función latente de las broncas en los plenos puede terminar en una creciente radicalización. Los plenos de las cámaras de representación son como lo que dicen algunos expertos que son las redes sociales: cámaras de eco en las que se escucha solamente el eco de voces parecidas a la tuya[56]. Escasea la escucha activa, el intercambio genuino de ideas o argumentos, aprendizaje, comprensión del punto de vista del otro. Intente recordar la última vez que vio u oyó una sesión de control del Gobierno de Sánchez, Rajoy, Zapatero, Aznar, González, Calvo Sotelo o Suárez. ¿Recuerda la sensación que produce escuchar una pregunta de algún parlamentario y luego una

55. Estas sustituciones suelen ser más frecuentes cuando un partido gana las elecciones y traslada a algunos de sus diputados recién elegidos a puestos en la Administración (ministros, consejeros, secretarios, directores generales), con lo que, en el argot parlamentario, "corre la lista" y candidatos sin expectativas de entrar en la cámara terminan convirtiéndose en representantes.
56. Sobre este tema, se puede leer el trabajo de Barberá (2020).

contestación que poco tiene que ver con la pregunta formulada y luego una réplica también fuera de hilo? Cámara de eco.

TEMAS

Un tercer elemento que promueve la representación visualizada de un conflicto en las instituciones de representación es el tema que se discute. Aquí emergen dos elementos relevantes. Por un lado, su naturaleza de creencia nuclear, "línea roja" o elemento determinante para marcar el territorio político distintivo del partido. En palabras del enfoque de las coaliciones promotoras, se trata de creencias normativas y periféricas, creencias de carácter normativo (cómo deben orientarse las políticas públicas) y empírico (cuál es el problema, qué lo causa y cómo se soluciona)[57]. Ese conjunto de creencias delimita las fronteras del espacio propio que permiten visibilizar claramente las diferencias entre partidos. En el trasfondo se puede ubicar al electorado, las organizaciones de la sociedad civil y económica y la militancia, que suelen ser observados por el rabillo del ojo para la teatralización:

> Yo creo que sí que hay determinadas áreas o materias como especialmente más sensibles para cada uno de los partidos o del ADN de cada uno de nosotros y, por lo tanto, hay una necesidad clarísima de marcar distancias y además hacerlo ver, hacerlo ostentoso para que todo el mundo sepa que aquí hay una diferencia sustancial con el resto (VAL23160).

> El contexto puede ser [...] un tema candente que está teniendo mucho tiro mediático por estos días, con lo cual hay que marcar perfil, hay que marcar discurso, hay que hacerse notar, ¿vale? (CAT21139).

57. Sobre este enfoque, se puede ver el trabajo de Jenkins-Smith *et al.* (2018). Agradezco al profesor Parrado la referencia.

Yo creo que tiene que ver sobre todo con los temas. Dependiendo [de] qué temas, eres más vehemente o escenificas mucho más pues teatralizas mucho más tu postura que [en] otros. Hay unos temas que son pues temas que a la sociedad les importa. Entonces, tienes que ser como mucho más vehemente si estás a favor o estás en contra. Y hay otros temas, que son un poco más neutros. Entonces, ahí bueno, pues yo creo que la escenificación baja bastante. Entonces, yo creo que en temas candentes, se tiende a escenificar muchísimo y a teatralizar todo y a llevar todo al extremo, mucho más que en otros temas, como más neutros (NAV22130).

Hay dos elementos que sobresalen. Primero, hay temas que son utilizados para marcar distancias y esa distancia puede tener un consumo interno (respecto de rivales en el mismo espacio ideológico o incluso socios de Gobierno) o ir dirigida al electorado, para que visualicen las diferencias entre partidos y que se puedan identificar bien las opciones políticas. Así, la teatralización de las diferencias es funcional para obtener réditos electorales futuros en términos de identificación y apoyos. Segundo, no es necesario que el tema de discusión pertenezca al ámbito de las creencias nucleares. Basta con que sea un asunto candente en los medios para que sea teatralizado para marcar diferencias con los rivales.

Por otro lado, está la capacidad del tema de generar acuerdos o conflictos entre rivales o incluso entre socios de Gobierno, aunque no forme parte de una creencia nuclear. Si se trata de un asunto sobre el que se ha construido un acuerdo en comisión, entonces la probabilidad de que se genere una algarada en el pleno es menor que si se trata de un acuerdo sobre el que hay discrepancias. Aun así, no es infrecuente que, aun habiendo alcanzado un acuerdo, en los debates en pleno se destaquen y visibilicen las diferencias y se rebajen los puntos de acuerdo:

[...] Hay veces que llegando a acuerdos y teniendo acuerdos amplios, salen a tribuna y te meten por todos los lados, que dice: "Joder, menos mal que tenemos un acuerdo. Si no lo llegamos a tener, pues no sé lo que me dirían". Pero sí que hay un punto de teatralización (PVA24137).

Hay barreras que sabemos que no se pueden pasar. En este caso Vox no apoyó esa ley. Lo sabíamos desde el principio. Por mucho que negociásemos sabíamos que no la iba a apoyar simplemente porque contiene un lenguaje inclusivo. Esa es una de las líneas rojas de Vox. Sin embargo, no por eso no ha participado en la ley. Ha participado al mismo ritmo que el resto, colaborando y aportando, y hemos negociado un montón de cosas con ellos, aunque la votación final haya sido no, ¿vale? (AND23213).

Si se trata de una creencia nuclear del grupo (como la identidad "nacional" o el lenguaje inclusivo, por ejemplo) o de un asunto para el que, en determinadas circunstancias (como la proximidad de elecciones o incertidumbre sobre la estabilidad del Gobierno), se pueden obtener réditos políticos, entonces, los representantes suelen manifestar el conflicto con una teatralización que no suele ponerse en duda. El objetivo es dejar clara la postura, marcar un territorio político en casos de discrepancia abierta, incluso aunque se comparta el Gobierno. Esto suele ocurrir así cuando en el seno de los gobiernos coaligados no han alcanzado un acuerdo sobre un tema concreto y se lleva la diferencia a cualquier pleno donde haya una ventana de visibilidad. En estas circunstancias, parece que se crea un buen escenario para la representación teatralizada de las diferencias:

Entonces, ¿cómo ocupar y disputar espacio político? Pues claro, a través de la teatralización. Incluso en el extremo en que se está participando de un determinado consenso o se va a votar a favor de una determinada posición, pero en el discurso, lo que se remarca es aquello en lo que no se ha coincidido (CAT11258).

Habitualmente, cuando se hace teatro, ya son cuestiones que sabes que no vas a pactar, es decir, en temas muy de fondo que, de verdad, las opiniones son muy diversas y muy encontradas. Yo es cuando veo que hay más ese teatreo. Bueno, se exagera un poco más la postura. Se hace a veces hasta caricatura (CAT11147).

[...] Casi siempre hay un poco de teatro. En cada pleno [...] siempre hay un tema que uno piensa que va a atacar y a hacer daño a su contrincante y lo lleva al Parlamento pues para hacer más daño al contrincante que para beneficiar a la ciudadanía. Tema de los indultos, tema de las modificaciones de la futura PAC [...] (AND11212).

La teatralización llega cuando tú, en las reuniones informales [de Gobierno], no has podido llegar a un consenso [...] y entonces tienes que visibilizar que tu perspectiva es diferente a la de tu socio. Entonces ahí ya tienes que proyectar [con el] objetivo de continuar presionando a tu socio de Gobierno [...] (VAL21245).

Y, como seguramente se habrá sospechado, la posición del parlamentario en el Gobierno o en la oposición, y su percepción acerca del rival, también ayuda a entender no solo la teatralización, sino el nivel de decibelios de la misma:

Cuando se está en la oposición [respecto del Gobierno del Estado] estamos ante un Gobierno muy radicalizado [y] el resto de partidos que no están en el Gobierno tienen que aumentar los decibelios de sus razones para que lleguen a los ciudadanos. [...] Estamos hablando de un Gobierno muy radical, que además se apoya en partidos muy radicales. El resto de partidos aumentan los decibelios de su oposición para que lleguen a los ciudadanos, porque si no, no hay manera. Es que no hay nada que hacer, nada más que eso (AND23214).

[...] Por parte de la oposición [...] [como] también hay varias, pues también se tienen que diferenciar entre ellas y también muchas veces hacen lo mismo. Pero sobre todo hacen mucha teatralización en la forma de hacer oposición al Gobierno, pero ya es mucha teatralización (VAL21245).

El tema del que trate la discusión política tiene relevancia para fomentar la teatralización de las diferencias[58], pero sobre

58. Colino y Parrado (2009: 274) observan que suele haber bastante acuerdo entre los actores, en escenarios también institucionalizados, como en órganos intergubernamentales como una conferencia sectorial. Pero, en función de las relaciones

todo tiene importancia la naturaleza "técnica" o "ideológica" de la ley. En cuestiones técnicas, puede ser más fácil construir acuerdos, pero en cuestiones ideológicas o que afectan a las creencias nucleares puede ser más probable que se genere la teatralización. Para unos será la integridad territorial y para otros, la posibilidad de ser independientes; para unos será la extensión de derechos a colectivos desfavorecidos o la redistribución de la riqueza y para otros, la transferencia al mercado de la enseñanza y la sanidad. Aunque una cosa es la ley que se vote y otra la política pública que se pueda desarrollar, voy a dar un dato por si sirve para entender mejor esta situación.

El análisis de las votaciones a las leyes que hemos hecho para detectar el grado de inclusión de la política española desde 1977 nos indica que las leyes que concitan más acuerdo entre rivales son aquellas destinadas a grupos específicos como mujeres, niños, mayores, colectivo LGTBI, generalmente en situación vulnerable. Entran también en este grupo las víctimas de terrorismo, los colegios profesionales o los consumidores, entre otros. Muy de cerca le siguen también las leyes relativas a defensa, ejército, asuntos exteriores, justicia y derechos, algunas de ellas reguladas solo desde el Congreso. Y casi en la misma posición, aquellas leyes relativas a los servicios sociales y el bienestar social. Es decir, los niveles de acuerdo más elevado entre nuestros parlamentarios para el periodo 1977-2023 se concitan en asuntos relacionados con el bienestar de la ciudadanía, pero especialmente de los grupos menos favorecidos o que, por su naturaleza, requieren de una atención especial.

Se puede pensar que es improbable que se monte una bronca en la cámara de representantes a cuenta de asuntos sobre los que hay un amplio acuerdo, pero incluso en esas circunstancias, no es infrecuente que los partidos visibilicen las diferencias para marcar un territorio electoral. El tema del que

---

entre los dos grandes partidos (estudian una etapa previa al multipartidismo) y de los temas que se traten (sobre todo sanidad y educación), varía el nivel de conflictividad y su visibilización. Los conflictos políticos se "escenifican" desde abandonos de reunión hasta exigencias de recurrir a vías judiciales.

se trate es el telón de fondo sobre el que se proyectan diferencias políticas que también se visibilizan en los parlamentos, especialmente en los prolongados periodos electorales que se viven últimamente en España. Pero de esto se trata en el capítulo siguiente.

ELECCIONES Y FOCOS

Este capítulo continúa desgranando algunos factores que promueven la teatralización, más allá de elementos que pertenecen al ámbito de lo privado, como la personalidad de cada cual o la educación recibida en su casa. Ahora llega el turno de ver como las percepciones de los parlamentarios abundan en factores externos que tienen relación con las elecciones, el papel del electorado, la competencia intra- e interbloques en periodos electorales prolongados y la actuación de los medios de comunicación que, se dice, suelen transmitir (y la queja no conoce distinciones de sexo, partido o territorio) imágenes parciales de la actividad parlamentaria.

LA PARROQUIA

La proximidad de las elecciones es un factor que intensifica las algaradas en las cámaras de representación. Como se vio en la tabla 6, la cercanía de las elecciones es el elemento que mejor explica para sus señorías la existencia de broncas: un 8,63 de media. No es de extrañar entonces que esta percepción sea transversal en términos de partidos y territorio. Da igual que se esté más a la derecha o más a la izquierda, en una cámara de representación o en otra, en el Gobierno o la oposición, la proximidad de las elecciones genera un escenario propicio para la trifulca parlamentaria en cualquier coordenada geográfica o ideológica con la expectativa de un rédito electoral. Las cámaras se convierten en un escenario donde se marca territorio y visibilizan las diferencias. En palabras de algunos de los protagonistas, la cercanía de las elecciones permite observar sobreactuación, gresca, el todo vale, tensión, poner las reglas en un paréntesis suspensivo:

[...] cuando llegan las elecciones o cuando hay elecciones se sobreactúa, se sobreactúa más, sí (NAV11135).

Cuando se avecinan las campañas electorales se abre la veda para todo, [se convierten] las sesiones plenarias en una descalificación, en un insulto permanente, en que si tú eres un ladrón, el otro un corrupto... que no es cierto, por suerte (MAD23178).

Cuando hay elecciones, siempre, en cualquier cita electoral, da igual, esto es la gresca, la leña, y hay que tener un cuidado horrible, sí. Y, además, te genera tensión, ¿eh? (GAL21153).

Cuando hay elecciones [...] esto ya es el desmadre, ¿vale? Ahí ya cada uno va, como decíamos cuando chiquillos, "cada uno pa su bolsa"; pues esto es igual, ¿sabes? Cuando llegan las elecciones aquí ya no hay [...] ninguna regla que se respete, te lo aseguro (AND1228).

Sí que lo noto, cuando llegan elecciones todavía más, pero por desgracia estamos continuamente en elecciones [...] (VAL21245).

Como sugiere esta última protagonista, el panorama electoral ha cambiado desde 2015. No es lo mismo unas elecciones en un escenario de bipartidismo que en otro de multipartidismo. El multipartidismo es una condición relevante también para la teatralización. Recordemos que en España hay un territorio electoral general compuesto por 51 circunscripciones y 17 territorios electorales con sus respectivas circunscripciones.

Lo que se ha dado en llamar "bipartidismo imperfecto" o simplemente "bipartidismo" hace referencia a que había dos partidos (generalmente de ámbito estatal) que copaban casi todos los escaños en el Congreso y controlaban el acceso al Gobierno del Estado. Existían también PCE-IU, CDS y UPyD en algunas legislaturas y, tanto en el Congreso como en los parlamentos autonómicos, un nutrido grupo de partidos autonómicos, algunos relevantes para condicionar las políticas gubernamentales (CiU y PNV, por ejemplo).

Ciertamente, con la emergencia con fuerza de Ciudadanos y Podemos (luego Unidas Podemos) y, más tarde, Vox y Sumar, este escenario de "bipartidismo imperfecto" se tambalea, aunque haya tendencias que apuntan, en 2023, a una cierta recuperación de la fuerza de los dos grandes partidos. Aun así, algunos de los 17 territorios electorales encajan con más dificultad en la etiqueta del bipartidismo o incluso del bipartidismo imperfecto y quizá se aproximen más a lo que Sartori (1999: 160) denominaba "pluralismo moderado". Piénsese en Navarra, País Vasco, Cataluña, Canarias, cuyas asambleas han sido y son claramente pluripartidistas, con índices de fragmentación elevados, como se vio en el capítulo titulado "La paradoja" y durante bastante tiempo con gobiernos controlados por partidos que no son ni PP ni PSOE. Piénsese también, en cierto sentido y en algunos momentos desde comienzos de los ochenta, en Aragón (PAR, Chunta), Valencia (UPV, UV, Compromís), Baleares (con varias formaciones insulares), Cantabria (PRC, UPCA) y Asturias (Foro, URAS, Partiu Asturianista).

Aunque el multipartidismo era familiar en bastantes territorios, lo relevante es que, a raíz de la crisis financiera de 2008, la orfandad política en que quedaron muchos segmentos de la ciudadanía quedó cubierta con partidos nuevos que compitieron electoralmente con los tradicionales en casi todos los territorios y municipios[59]. La creciente competición fue de

59. El concepto de orfandad política se lo leí a Urquizu (2016: 81-131), quien también explica la emergencia de los partidos nuevos, como Cordero y Christmann (2018) o Torreblanca (2015), entre otros. Sobre la crisis financiera en España y sus

tal magnitud que en algunos sectores se pensaba en el posible *sorpasso* de Ciudadanos al PP o de Podemos al PSOE. De repente, los partidos tenían que competir con sus rivales ideológicos (izquierda-derecha), pero también con sus rivales de dentro de su espectro ideológico[60]. A esto se le suele llamar "competición intra- e interbloques" y su efecto es la intensificación de la rivalidad y la necesidad de diferenciación, como se vio anteriormente. En esas circunstancias, todo escenario puede ser utilizado para visualizar diferencias que lleguen nítidamente a los electores, y nada mejor que unos brochazos gruesos, unas frases altisonantes, una buena bronca-espectáculo replicada por los medios para transmitir esas diferencias desde las cámaras de representantes a la ciudadanía. Como tal, el multipartidismo es percibido también como una fuente de teatralización en las cámaras de representación:

Desde que existe el pluripartidismo [se tiene la actitud] de estar continuamente teatralizando. Es todos los meses. O sea, antes podían estar más o menos tranquilos con sus debates, pero sin estar todo el rato así, intentando el titular, el titular, el titular [...] Pero ahora es que no puedes estar ni un mes sin estar tranquila respecto de esta estrategia (VAL21245).

La aparición de nuevos partidos hace que cada uno tenga que buscar su espacio y a veces parece que hay que ser más contundente en determinados temas. Antes, con dos grandes partidos, pues más o menos el espacio tenía un reparto, pero ahora los nuevos partidos han surgido en un espacio electoral concreto que antes ocupaban otros. Y en ese terreno yo creo que ha habido una reacción por parte de los partidos tradicionales por reafirmar ese espacio, y por parte de los nuevos, también por ocuparlo de una manera contundente. Y el hecho de que aparezcan extremos pues siempre hace que todo se polarice más (AND1317).

consecuencias políticas, puede verse el trabajo de Gómez y Ramiro (2019) y el de Coller y Ramírez (2019).

60. Sobre el interesante caso de Podemos e Izquierda Unida, véase el trabajo de Ramiro y Gómez (2017).

Yo entiendo que precisamente la democracia descansa en la pluralidad, en todos los sentidos, pero o no tenemos cultura más que de bipartidismo en este país, o hemos aprendido muy poco, o no tenemos intención de consagrar una verdadera democracia, porque está claro que, desde que hay un escenario político que no descansa en el bipartidismo —que no digo que sea la mejor opción, pero para España lo ha sido hasta ahora—, esto es un auténtico desastre, ¿eh? (MAD23178).

Hago ahora una digresión breve. Si se piensa que todos los parlamentarios creen que cualquier pasado bipartidista fue mejor, tengo malas noticias. No es raro que el multipartidismo se perciba también como una oportunidad de mejora de la representación de la ciudadanía. Quizá son posiciones minoritarias y arriesgadas, pero existen diputados que entienden que el multipartidismo también les mejora a ellos como representantes y a las instituciones de representación. Esta posición entiende que las instituciones recogen mejor así la variedad de intereses, aspiraciones, objetivos que recorren la sociedad y obliga a los representantes a prestar atención a otros puntos de vista, aunque no sean aceptados en su totalidad:

Un parlamento plural no es un peor parlamento, al contrario, es un parlamento mejor. Primero, porque traslada mejor la representación ciudadana a las instituciones y, segundo, porque como nadie cuenta con una mayoría que le permite, digamos, aplicar el rodillo frente a los otros, necesita consensuar. Y esa obligación de consensuar es muchas veces la que hace que aparezca el consenso, la que hace que seas consciente de que tu verdad no es la única verdad y que puede ser interesante lo que está diciendo el contrario, que muchas veces se desecha simplemente porque lo dice el contrario (CON14172).

Somos mejores parlamentarios. Es más fácil. Somos mejores parlamentarios. Somos más cuidadosos. [...] Representamos mejor a nuestros votantes y a nuestras provincias, o a nuestro electorado, aunque no nos haya votado, porque estamos obligados a ver y a entender el otro punto de vista. Y en mi experiencia personal, el 75% u 80% de las ocasiones en las que me he parado a entender las razones del otro parlamentario, del parlamentario de la otra fuerza política, he aprendido y lo he hecho mejor, he sido mejor política, aunque luego no las hayas asumido todas, pero sí he tenido una visión más profunda del tema en cuestión. Yo estoy convencida de que somos mejores (AND23214).

[...] la ruptura del bipartidismo [...] en mi opinión, sí que ha facilitado, de alguna manera, que haya más capacidad de acuerdos que la que había antes, ¿no?, cuando son solo dos bloques. Hay un bipartidismo muy férreo, muy cerrado, muy equilibrado, muy en competencia entre ellos, el juego del consenso no es nada fácil, porque un bloque busca sustituir al otro y, con eso, radicaliza el discurso (MAD11169).

Fin de la digresión. En un escenario multi- o bipartidista, o de pluralismo moderado, la cercanía de elecciones crea un marco óptimo para mostrar a los electores potenciales los diferentes puntos de vista de los partidos. Hay más atención mediática sobre cada vez más actos de partido e institucionales. La presencia en los plenos suele ser también utilizada como vía de comunicación directa y unidireccional con la ciudadanía durante los largos periodos preelectorales en España. Y estos periodos son frecuentes en los últimos tiempos: entre 2019 y 2024, hemos tenido tres elecciones generales, 17 autonómicas (más las de Ceuta y Melilla), dos más que tienen lugar en 2024 en Galicia y País Vasco, otra en Cataluña en 2025, las europeas de 2019 y las de 2024, las municipales de 2019 y las de 2024. Cierto que algunas tienen lugar al mismo tiempo, pero el mensaje es que, con tantas elecciones, como señala una diputada después, las instituciones se convierten en el mejor escenario para enviar mensajes clarificadores a la ciudadanía sobre quién es quién y qué piensa de los demás y de sus propuestas.

La cercanía de las elecciones sirve, sobre todo, para delimitar el territorio ideológico, para presentar una oferta de partido diferenciada de otros con los que se compite directa (en el mismo espacio ideológico) o indirectamente, para visibilizar las diferencias en la política. La cámara de representación se convierte en estos periodos de efervescencia electoral en una especie de cueva donde reverberan críticas (generalmente al Gobierno, del signo que sea) y propuestas, pero sobre todo reverberan los ecos de los decibelios empleados en el discurso. Y ello contribuye a la polarización y radicalización de la ciudadanía, según perciben los propios protagonistas de la política y sugieren algunos estudiosos (Torcal, 2023: 122; Miller, 2023: 180).

La expectativa electoral introduce una matización relevante respecto de la teatralización. No es lo mismo enfrentar las elecciones con el viento de las encuestas de cola, empujando, que de cara, frenando. En el primer caso, la candidata se puede permitir aparecer con un perfil más moderado, presidencial, segura de la victoria. En el segundo caso, la expectativa de derrota puede empujar a una mayor teatralización de las diferencias y de las propuestas en los discursos en sedes institucionales. Uno de los entrevistados lo sintetizaba de esta manera:

> [...] yo creo que depende un poco de las expectativas electorales de cada partido [...] si tú estás mal electoralmente [...] o tienes malas expectativas, probablemente saldrás hiperventilado a hacer discursos de esos hiperventilados y excesivamente teatralizados, ¿no? (EXT11265).

La teatralización sería, así, una función de los posibles resultados electorales anticipados por las encuestas con mayor o menor éxito[61].

Las elecciones y su frecuencia condicionan también la teatralización. Las elecciones son la fiesta de la democracia, no un problema. Pueden parecer caras, pero son el invento menos malo para elegir a representantes de la ciudadanía cuya función será elegir al presidente del Gobierno, controlar al Gobierno entero y legislar, generalmente con la participación del ejecutivo. Como el resultado de las elecciones determina si un grupo(s) accederá al Gobierno, todos los partidos presentes en

61. Conviene no olvidar que las encuestas preelectorales han dado pruebas suficientes para sustentar tanto la profecía autocumplida como la profecía suicida. Una explicación de estas profecías se encuentra en el trabajo de Merton (1949: 120 y 189).

una cámara de representación actuarán con un ojo puesto en el electorado potencial. Esto no quiere decir que no vean más allá del electorado a la hora de legislar, sino que además de mirar por el bien común (algo que se presupone, por mucho que a veces surjan dudas), durante la legislatura también se observa por el rabillo del ojo el termómetro electoral y se alinean algunas acciones parlamentarias en función de la temperatura del electorado. Así lo reflejó uno de los parlamentarios entrevistados:

> [...] sí que es verdad que, conforme va pasando la legislatura, en general, se ve cómo los disensos se ponen más en evidencia para que a los partidos les dé discurso a la hora de presentarse a las elecciones, sí (NAV11135).

TABLA 7

PERCEPCIÓN DE LA REACCIÓN NEGATIVA DEL ELECTORADO FRENTE A MÁS ACUERDOS

PARTIDO	MEDIA	PROPORCIÓN IGUAL O POR ENCIMA DE LA MEDIA (7)
1. PSOE	7,3	69
2. PP	7,4	74
3. Podemos	7,8	81
4. Cs	7,4	75
5. Vox	6,1	58
6. ERC	6,8	58
7. JxCAT	6,6	57
8. PNV	6,6	64
9. Otros: izq. y centroizq.	7,2	62
10. Otros: der. y centroder.	7,9	78
Total	7,2	70

Fuente: Coller *et al.* (2023a).

Los datos de la tabla 7 refuerzan esta percepción. Se preguntó a los parlamentarios lo siguiente: "Según su experiencia, ¿en qué medida cree usted que estos factores dificultan que los partidos se pongan de acuerdo para aprobar leyes?". Uno de los seis factores era "la posible reacción negativa del electorado". Se les dio la opción de elegir en una escala 0-10, donde el 0 significaba "no dificulta" y el 10, "dificulta".

La media global es de 7,2, situándose 7 de cada 10 parlamentarios (70%) por encima de esa media. Es decir, la gran mayoría de parlamentarios percibe que la reacción del electorado puede dificultar la construcción de acuerdos con los rivales. Hay matices. Por ejemplo, los diputados de Podemos son los que más creen que el temor al electorado explica que haya menos acuerdos, al igual que los incluidos en la categoría de "otros partidos de centroderecha y derecha". Les siguen PP y Ciudadanos, que tienen las segundas medias más altas y más proporción de diputados por encima de 7. El PSOE se ubica en la media y casi 7 de cada 10 parlamentarios de este partido entienden que la posible reacción negativa del electorado explica las dificultades para acordar con los rivales. Por último, los parlamentarios de Vox, ERC y JxCat tienen proporciones parecidas de personas que se ubican por encima de la media, aunque todos están por debajo de 7. En resumen, la mayor parte de parlamentarios (con algunas diferencias por partidos) cree que las posibles reacciones al electorado ayudan a explicar que haya dificultades para acordar con los rivales la aprobación de leyes.

Esto hace referencia a la explicación general de las dificultades para alcanzar acuerdos provocadas por el temor a la reacción negativa del electorado. Pero ¿qué ocurre cuando se les pregunta su grado de acuerdo con la frase siguiente?: "Los electores castigarían a mi partido si llegara a más acuerdos con los rivales". Los datos de la tabla 8 pueden aportar algo de luz acerca de lo que creen que ocurriría con su partido en particular. Para entenderlo bien, se necesita comparar la columna del "desacuerdo" con la del "acuerdo" con la frase. Se observa claramente que los del PNV no perciben riesgos en el electorado si llegan a más acuerdos con los rivales, reforzando la idea de transversalidad de esta formación. En el PP y el PSOE, y, en menor medida, Ciudadanos, el contingente mayor se ubica en las personas que perciben también menos riesgo de castigo electoral (43% y 39% de desacuerdo con la frase). En Podemos, Vox, ERC y JxCat se produce lo contrario. Con algunas diferencias entre ellos, el contingente mayor de personas está de acuerdo con la frase, manifestando su percepción de que el electorado castigaría a su partido si llegara a más acuerdos con los rivales.

TABLA 8

GRADO DE ACUERDO CON LA FRASE 'LOS ELECTORES CASTIGARÍAN A MI PARTIDO SI LLEGARA A MÁS ACUERDOS CON LOS RIVALES' (EN %)

PARTIDO	MUY EN DESACUERDO Y DE ACUERDO	NI DE ACUERDO NI EN DESACUERDO	MUY DE ACUERDO Y DE ACUERDO	TOTAL (N)
1. PSOE	43	34	23	169
2. PP	43	36	21	125
3. Podemos	31	28	41	32
4. Cs	39	29	32	28
5. Vox	21	50	29	34
6. ERC	25	44	31	16
7. JxCAT	39	15	46	13
8. PNV	92	8	0	13
9. Otros: izq. y centroizq.	31	50	19	42
10. Otros: der. y centroder.	40	33	27	15
Total	40	35	25	487

Nota: Porcentajes redondeados al entero más próximo. El grado de acuerdo se mide con una escala Likert en la que el valor 1 equivale a "muy en desacuerdo" y el valor 5 a "muy de acuerdo". La bondad de esta escala es que se puede reconvertir en tres categorías (con o sin ponderación). En este caso, no se han ponderado los valores de la escala.
Fuente: Coller *et al.* (2023a).

Es cierto que estas evidencias no son concluyentes, pero sí nos trasladan pistas acerca de que el electorado es relevante, con algunas diferencias, para explicar que bastantes de los representantes de los partidos pueden estar interesados en no soliviantar a su electorado alcanzando acuerdos con los rivales. Es factible pensar, entonces, que si la motivación para el acuerdo no está presente (o se evita), puede haber un incentivo para el desacuerdo y, en periodo de mayor exposición pública, para visibilizar las diferencias. Con la cercanía de las elecciones, las instituciones de representación quedan, así, sujetas a una lógica electoral continuada en la que los partidos tienen la obligación de marcar un territorio ideológico que los defina frente a otros, especialmente los grupos contiguos en el mismo espacio electoral. Para visibilizar las diferencias, se intenta "colar" el mensaje, ensanchar la base electoral, crear identificación con el partido, mostrar distancia con los rivales intra- e interbloques:

[...] Esa teatralización tiene que ver con una necesidad de seguir alimentando sociológicamente al partido. Es decir, yo he detectado que sociológicamente hay un nicho de voto y yo tengo que pensar en cómo lo alimento. [...] Cuando ese nicho sociológico está alimentado, yo ya tengo una duda: ¿sigo creciendo, [...] dónde ensancho mi base electoral? Y ya entonces tengo que articular otro mensaje, otra alimentación, otro tipo de discurso, o seguir alimentando los mismos mantras pero de una forma diferente (AND12210).

Resalto que yo entiendo que cada uno tiene que ir a ¿colar? su discurso, se deben a su público (CON21127).

Es lo que nos pasa cuando es la escenificación de todo y no te puedes mover de tus titulares [...] Y esto, los gurús de la comunicación lo dicen. Tú tienes 5-10 ítems, que son los que la gente identifica con tu partido político, y no te puedes mover de ellos. Y cuando te mueves un poco, pues ojo, no aparezcas como traidor a tu tema de cabecera (CAT14154).

Los partidos políticos tienen que llegar a su electorado, ampliar ese ámbito electoral que pueda tener y tiene que, lógicamente, buscar el momento en el que tiene más foco para poder lanzar los mensajes, ¿no? Yo creo que eso es normal y necesario (VAL11175).

Hay más conflicto, porque se remarcan más las posiciones ideológicas. Hay much[a] más intención de lanzar mensajes ideológicos, de mostrar distancia. En este caso, nosotros somos [partido] de Gobierno y tenemos una coalición con otro partido y un apoyo externo de otro partido, y lógicamente, se pretende marcar esa distancia de cara a que luego las, los andaluces, cuando voten, tengan clar[o] que no somos lo mismo (AND23213).

La lógica electoral convierte los parlamentos en escenarios adecuados para visibilizar o teatralizar el conflicto con la esperanza de llegar al electorado, muy especialmente a su parroquia más fiel, a la que tienen que cuidar y motivar para obtener buenos resultados electorales. El problema es que los parroquianos más próximos suelen ser más radicales que su electorado y contentar a unos y otros suele ser una fuente de tensión política que puede terminar en una radicalización de los discursos y las actuaciones. La ley de May ayuda a entenderlo.

La ley de May indica que hay una disparidad en las preferencias políticas de líderes, militantes y votantes[62]. Tal disparidad adquiere una forma curvilínea (U invertida) de manera tal que líderes y votantes suelen tener posiciones parecidas y más moderadas que las de los militantes del partido. Los afiliados, por término medio, tienden a ser más radicales que la población e incluso que sus dirigentes. Para ganar elecciones, la militancia es imprescindible, ya que en ella descansa la vida del partido, nutre las listas electorales en niveles diferentes y los puestos clave de designación en la Administración, y mueve la maquinaria electoral (y no solo llenan autobuses para los mítines de sus líderes). En consecuencia, los militantes tienen un incentivo para influir y controlar al Gobierno y a sus líderes (Maravall, 2003: 131-132). Sin embargo, si se quieren ganar elecciones, el voto de los militantes no basta. Los partidos precisan ganar elecciones o ampliar sus votos, por lo que necesitan mirar más allá de sus militantes en los largos periodos electorales recientes. Esta tensión tiene una solución compleja, pero nos pone en la pista de una de las explicaciones posibles a la teatralización de la política en las instituciones.

62. La ley de May (1973) ha sido confirmada y refutada por trabajos diversos, lo que suele poner en entredicho su carácter de "ley". Para el caso del PSOE, se puede ver el trabajo de Méndez y Santamaría (2013). Para el caso de Cataluña, se puede ver el estudio de Baras *et al.* (2008). Véase también Urquizu (2016).

Desde el planteamiento de la ley de May, la teatralización se puede entender como una representación del conflicto con los rivales dirigida también, pero no exclusivamente, a los parroquianos y simpatizantes del partido como una manera de marcar un territorio ideológico y de exteriorizar la diferencia respecto de los rivales, especialmente si están en el Gobierno. La teatralización se dirige a reforzar la parroquia, que suele ser percibida como un contrapeso y, en ocasiones, envía señales o pidiendo explicaciones o intentando marcar el rumbo político. Si la parroquia es más radical que el público general, entonces las broncas en los parlamentos pueden ayudar a enviar señales adecuadas a los parroquianos. Se puede entender que cumplen la función manifiesta de insuflarles energías, reforzarles su compromiso, acentuar la identidad ideológica, promover lo que Torcal (2023: 79) llama "megaidentidades partidistas", pero también pueden generar efectos no deseados en la población, como se verá en el capítulo siguiente.

Supongo que todos los partidos tenemos la parte más radical, ¿no? [...] Todos tenemos ya no digo electores, sino incluso compañeros, que no están en el Parlament, que cuando ven que votas según qué cosas, te están, ya en el WhatsApp mismo: "¿Cómo habéis votado esto? ¿Por qué habéis acordado? ¿Por qué no has sido más duro en este tema?". Es decir, que sí que es verdad que hay una parte de la ciudadanía y también de los compañeros de los partidos políticos que son más radicales (CAT11147).

[...] la militancia de los partidos suele ser más radical que los votantes de los partidos. Es decir, el votante del partido en general no es tan radical como la militancia [...]. Y esa militancia a veces es más intolerante al acuerdo y al consenso que el propio votante de la organización. También porque el militante pues tiene esa posición a veces más *hooligan*. Entonces, es más *hooligan* ideológico, es más *hooligan* del debate, del conflicto, porque al final el militante está en una posición más de defender su posición frente a otro, y es cierto que, a veces, el militante no ayuda o no entiende siempre todo acuerdo [...] que se alcanza (AND11212).

[...] nuestro electorado no entendería, aunque sería lo deseable, pero no entendería, que nosotros, por ejemplo, que somos defensores de la lengua valenciana, que somos defensores de nuestra señera[63], que somos defensores de la utilización del término político de "Comunidad Valenciana", pues de repente, dijéramos [que] abogamos por el catalán o abogáramos por la cuatribarrada y que utilizáramos la nomenclatura que utiliza la izquierda del "País Valencià". Pues eso, no lo entendería. Es más, no nos lo perdonarían (VAL23160).

[...] hay una diferencia importante en el debate en pleno y en comisión. Sobre todo, la diferencia es la publicidad que tienen, la retransmisión, los medios, etc. Entones, de alguna forma la oposición trata de marcar que hay una alternativa y trata de marcar distancias con el Gobierno [...]. Eso yo creo que es un intento de diferenciarse con relación a un Gobierno que tiene una amplia mayoría (GAL13262).

La política tiene una parte grande de escaparate en la que todos los grupos necesitamos diferenciarnos de los demás. Y en gran parte, los debates políticos se buscan para presentar diferencias con los demás. Por lo tanto, da la sensación de que no nos entendemos en nada, pero cuando te pones a hablar de derechos básicos, pues la mayoría de grupos tienen un consenso aplastante, ¿no? La cuestión es que eso no vende (NAV11241).

Se teatralizan las diferencias, se representan unas discrepancias normales en política, pero se acentúan y visibilizan más en periodos electorales, especialmente en un contexto de multipartidismo o bibloquismo. Aun así, quizá convenga prestar atención a algunas voces experimentadas que reflexionan

63. Se refiere a la bandera de la Comunidad Valenciana, que ha sido un elemento de fractura en Valencia junto a la denominación del territorio y la lengua desde los años setenta del siglo XX. Este conflicto se denominó "batalla de Valencia", que tuvo lugar durante la pre- y postransición y cuyos ecos han resonado desde entonces. Se trata de un conflicto cultural encabalgado en posturas políticas rivales. En aquella "batalla" (con violencia terrorista incluida), las fuerzas de la izquierda emergente y las de la derecha (generalmente asociada al tardofranquismo) competían por imponer su marco cognitivo y controlar las nacientes instituciones democráticas. Sobre este conflicto, véase Coller (2004 y 2006).

acerca de la teatralización durante la cercanía de una contienda electoral. Quizá las expectativas no se cumplen siempre:

Cuando llegan las elecciones, absolutamente eso es una obra de teatro en la que tú crees buscar a un votante que te va a creer tu teatro. No es verdad, no existe eso, no creen en ti, no creen en esas obras de teatro (CYL12232).

Quizá esta apreciación no sea común entre los parlamentarios, pero existe, y entronca con una percepción acerca de los efectos de la teatralización: el desapego, el descreimiento de los políticos. Y quizá estos efectos sean un primer paso hacia la deslegitimación de los representantes, las instituciones en las que operan y, a la larga, de la democracia.

EL CORTE SIMBIÓTICO

Uno de los periódicos de referencia mundial es *The New York Times*. En su primera página hay un eslogan que acompaña al periódico prácticamente desde 1897: "All the news that's fit to print" (Todas las noticias que merecen ser publicadas). Este eslogan hace referencia al hecho de que *The New York Times*, como cualquier medio de comunicación, "selecciona" aquellas noticias que va a publicar o transmitir. Luego ya le da un enfoque u otro, destaca unos aspectos u otros, pero todos seleccionan. Seleccionar implica dejar fuera otras noticias. Pero ¿cuáles? Un profesor que tuve cuando estudiaba Ciencias de la Información nos enseñó algo importante para cualquier comunicador: que un perro muerda a una persona no es noticia; pero si una persona muerde a un perro, eso sí es noticia. A la mínima que se sea lector de periódicos, oyente de radio o espectador de televisión genérica o especializada en noticias se dará cuenta de que la lógica de los medios es destacar, resaltar, ofrecer al público aquello que es novedoso, inesperado, sorprendente, inusual. Bueno, eso era antes. Ahora hay mucha declaración entrecomillada como titular.

Desde este punto de vista, creo que no es difícil coincidir en un diagnóstico sobre la relación entre política y medios de comunicación: existe una simbiosis que beneficia a los actores que participan de la relación. Por un lado, el político busca para sí, para su partido o para sus propuestas una cierta exposición pública a electores potenciales, aunque puede ser también objeto de críticas. Intenta "colocar" sus mensajes, especialmente en un mundo dominado (o eso parece) por las redes sociales. Para aparecer en un medio precisa "convencer" de que lo suyo es atractivo, interesante. Por otro lado, el medio informa sobre lo que considera los hechos más destacables y noticiables, llena espacio y consolida su público, lo que tiene también una vertiente económica. Un medio de comunicación es también una empresa. Como tal, busca que haya beneficios en su cuenta de resultados. Es decir, necesita tener lectores, oyentes, usuarios para tener ingresos también por publicidad (privada o institucional). Necesita vender su producto y cuanto más venda, mejor para la empresa. Ambos actores se necesitan. Esta relación simbiótica tradicional se ha visto sobrepasada por la existencia de las redes sociales, que han facilitado una relación directa entre político y ciudadanía, sin la mediación del profesional del periodismo.

¿Qué perciben los protagonistas que "venden" en los medios? Las percepciones de los parlamentarios son bastante claras: el escándalo, la bronca, el conflicto, la frase estridente, la barbaridad, el insulto, la exageración, el escándalo; es decir, la teatralización de las diferencias políticas, porque todas estas acciones no se dirigen al correligionario, sino al rival o, en según qué casos, al percibido como enemigo. Este repertorio de acciones se puede entender como los "méritos" para aparecer en los medios:

> Si tú quieres salir en los medios, tienes que decir una barbaridad o hacer algún gesto estrambótico. Ahora, si tú haces un debate riguroso en temas importantísimos, no existes. [...] Si trabajas con rigor y con disciplina, y cumples el reglamento y eres educada, no existes. No existes directamente

por mucha calidad oratoria, argumental, dialéctica. No existes. Solo existes si dices alguna barbaridad. [...] Por eso, cada vez más, la tendencia es a la hipérbole, al insulto, a la exageración, a llamar la atención de alguna manera. Y es tristísimo (CON11228).

Eso sí que es un teatro. Yo creo que hoy la política se ha convertido [...] en un producto mediático. ¿Quién te compra la política? Las televisiones, las radios, los medios de comunicación, porque vende, porque da audiencia. Claro, da audiencia cuando sale el señor Abascal poniendo verde al señor Iglesias, o cuando sale el señor Casado poniendo verde a Inés Arrimadas, o cuando sale Inés Arrimadas poniendo verde... Pues eso, se ha convertido en un producto mediático, que vende, te lo aseguro (AND1228).

En los medios de comunicación, el conflicto vende más que la paz, el conflicto vende más que el acuerdo [...] Mira, en el último pleno llegamos a un acuerdo para hacer un estudio para un hospital en una zona muy determinada de Euskadi. Acuerdo unánime, unánime, que eso, en Sanidad, es muy difícil. Solamente la Cadena Ser se hizo eco de ese acuerdo y abrió [el] informativo con ello. Último punto del pleno: un conflicto laboral en un hospital en Irún [...]. [Eso] es [con] lo que abrió el resto de los periódicos (PVA11259).

Los medios de comunicación no ayudan, porque parece que lo que vende, o sea, lo que parece que va a generar que haya un millón de tíos viendo un canal de televisión o un programa es el escándalo, alargarlo todo lo posible, del fulano que la ha liado (EXT13142).

Aquí hay intervenciones brillantes y que no las vais a ver nunca o va a ser muy difícil que un medio se haga eco. ¿Por qué? Porque no ha dicho una palabra malsonante, porque no ha dicho el titular o porque no ha hecho un gesto [...] que si ha hecho así con la mano, que si la boca para arriba, para abajo, que al final es lo que sale (MAD21176).

Los medios de comunicación están haciendo un flaco favor a la política, porque muchos de ellos sacan siempre la parte donde más se teatraliza, donde más conflicto parece que se está generando, y eso es lo que llega a la población, y [...] lo único que estamos consiguiendo es la desafección de la política de la población. Y esto es un desastre para la ciudadanía [...] (EXT21131).

Una trifulca en un parlamento puede estar normalizada para sus actores, pero quizá no lo esté para la ciudadanía. No es lo esperado ni, quizá, tampoco lo deseable. Eso sí, es llamativo por extraño, extraordinario, inusual y, por tanto, "vende". Quizá sea llamativo porque alimenta un morbo social o porque ratifica preconcepciones sobre los políticos. Una buena bronca es un reclamo periodístico de primer nivel. Un chascarrillo curioso, un insulto o exabrupto mordaz, un abucheo jolgorioso son material de primera para un buen destacado en los medios, como sugerí en el primer capítulo. Al menos hasta que se hacen tan habituales que dejan de "vender" porque se han normalizado, porque es lo esperable, porque ya no es "la persona que muerde al perro" o porque ya no siguen las noticias políticas más que los muy interesados y el resto ha abandonado.

La cuestión relevante es de qué manera los medios de comunicación determinan indirectamente la representación que lleva a cabo un parlamentario. Los medios dan popularidad, visibilidad, algo relevante para la carrera política de algunos políticos. Hay una motivación estructural para perseguir la aparición en los medios: popularidad, relevancia, valoración de los electores, número de seguidores, todos ellos son percibidos en algunos casos como el "mérito" para avanzar en la carrera política. Léase: ser seleccionado para ir en las listas u ocupar un puesto de gestión si se llega al Gobierno.

Creo que hay muchos políticos que se obsesionan con esa visibilidad. En el Gobierno y fuera del Gobierno. Y la realidad es que para hacer un buen trabajo en política realmente no siempre es necesaria, incluso a veces puede ser contraproducente, ¿no? [...] oye, pero todos en cierto modo caemos en ese tema, porque a todos nos gusta tener un nombre. Porque, al final, [...] si tú quieres hacer una carrera política, sabes que se te tiene que valorar. Y si en este momento determinado de la política, la valoración de la popularidad está por aquí, si tú no tienes popularidad, no vas a poder avanzar. Entonces, todos nos dejamos contaminar y nos dejamos llevar, ¿no? Ya me gustaría a mí ser de los que: "No, no, no. A mí, esto no me afecta y yo no entro en el juego". No, yo creo que todos, en mayor o menor medida, nos dejamos llevar por esto, pero es verdad que [...] habría que recuperar esa independencia del impacto directo, ¿no?, en la opinión pública o en las audiencias [...] (MAD23240).

Existe la percepción de que parte del éxito de esa visibilidad descansa en manufacturar un discurso que tenga una buena venta en los medios y las redes. Es decir, que el parlamentario deslice en su intervención en la cámara algunas frases o gestos que llamen la atención de los medios para su transmisión a la ciudadanía. Hemos visto antes cuáles son los asuntos que se destacan como más "vendibles" para los medios[64], lo que no quiere decir que siempre que se quiera aparecer en los medios se haga a base de decir barbaridades, estridencias, insultos, de la teatralización del conflicto con los rivales. Es decir, el parlamentario tiene que manufacturar el corte que sacarán los medios dando el corte (*zasca*) a los rivales:

[...] El debate parlamentario se ha convertido en ocasiones en un debate que se sintetiza en tres tuits, pose en Facebook, un titular, una entradilla en un medio de comunicación de televisión o radio que dura diez segundos. Es decir, tú tienes que dar el corte. Tú tienes que buscar el corte y dar un corte (PVA11259).

[...] Es que los medios de comunicación "animan", entre comillas, a que, si te quieres dar a conocer, no a ti como persona (bueno, a muchos candidatos sí) pero al proyecto, a lo que estás haciendo, a tu trabajo,

64. Aquí hay un refresco: "[es] más visible, más evidente cuando pasa algo en un parlamento [...] una bronca entre dos portavoces, una bronca entre el presidente del Gobierno y el portavoz de la oposición, una bronca de insultos entre dos parlamentarios, cuando pasa algo es la noticia del día. Y, por tanto, esa es la percepción que tenemos la ciudadanía, porque esa es la imagen que vemos, es lo que conocemos" (AND2125).

pues es que parece que tengas que estar buscando toda la semana el titular. Y no es así. No es justo (NAV21238).

[...] Yo, cuando hago un discurso, sé qué momento me gustaría que se reflejase en los medios. Otra cosa es que yo utilice unas frases estridentes [...] (AND1319).

La política tiene una parte de representación que siempre ha estado ahí y que ahora pues se ve mal porque hay veces que ves que los diputados hablan para la cámara, para hacer después el vídeo y meterlo en redes [...] (GAL13262).

[...] muchas intervenciones, tú, cuando la estás escuchando y ves al compañero del partido que sea, está ahí, dices: "Como ya sabe que los diez minutos no van a salir, tiene cuatro frases y esta frase es la que después colgará en redes". Y, de hecho, toda la línea política de diez minutos hablando la marcará en esta frase de 20 segundos, que es lo que sacará en redes y se verá (CAT11147).

[...] siempre estamos hablando en este rol de partido con las cámaras que nos enfocan, que luego, esto se va a reproducir, y tú estás pensando en cómo vas a decirlo para que se vea que tú defiendes aquello bien, que se puede hacer un corte bueno para pasarlo a redes y que la gente vea: "Mira, tú, qué diputada, como defiende ese tema. ¡Olé! ¡Así me gusta!". Estás, por un lado, en esto; por el otro, en decir lo que toca para representar bien tu espacio político, que es al que le toca decir siempre que 100% público, que no a los oligopolios, ¿no? Estás en esto (CAT24166).

En esto sí que se nota también a las generaciones jóvenes y también a los nuevos modos de comunicación de los partidos políticos, que muchas veces, pues se busca un golpe de efecto o una determinada intervención para hacer un vídeo que se haga viral (NAV14236).

[...] No puede ser que para buscar un tuit que al final tenga éxito total, *trending topic* en las redes, la confrontación sea tan brutal que estemos haciendo un daño a la ciudadanía, porque hay respuestas que necesitan los ciudadanos y que no se les dan […] El parlamento a lo mejor ha empezado a las nueve de la mañana y terminado a las ocho de la tarde, pero en las redes y en los medios de comunicación, tanto escritos como audiovisuales, tenemos una imagen, unas palabras, una bronca. Y claro, con eso es con lo que nos quedamos, porque el resto lo desconocemos. […] Entonces, claro, la percepción que tenemos es de *flash*, de momentos muy negativos para la vida parlamentaria, porque cuando eso sale, la ciudadanía percibe eso, la ciudadanía dice "esto es un desastre", "es que cada día me interesa menos la política", "es que los políticos no están a la altura de lo que necesitamos" […] (AND2125).

La teoría de la fijación de la agenda (McCombs, 2004) señala que lo que aparece en los medios de comunicación contribuye a generar el marco cognitivo de la ciudadanía desde el que se construye la imagen de la realidad. Los medios seleccionan los temas a los que la ciudadanía presta atención e interpreta, ofrece un análisis de los mismos y contribuye a crear opinión. Enmarca la actualidad y, en este sentido, impacta sobre la visión que se tiene de la realidad. A esto se le llama el efecto *framing*[65]. Sobra decir que en el mundo actual los medios de comunicación son, también, un tablero de ajedrez sobre el que se dirimen batallas políticas, ofertando marcos interpretativos diferentes y discordantes. Compárese, por ejemplo, el tratamiento dado por *El País* y el de *El Mundo* o *ABC* sobre el papel de la (futura) amnistía a Puigdemont y sus seguidores encausados en la investidura de Pedro Sánchez (noviembre de 2023). Como indicó una diputada: "Los medios de comunicación hacen política como un parlamentario" (NAV21238), y eso puede estar contribuyendo al deterioro de su imparcialidad y a la desconfianza de la ciudadanía que es el primer paso hacia la "desintermediación" (Sánchez-Cuenca, 2022: 8), de la erosión de su papel mediador y ordenador de preferencias y marcos cognitivos en las democracias.

65. Agradezco a Sandra Bermúdez que me refrescara la relevancia del *framing* y del *priming* para interpretar el papel de los medios en la teatralización. El clásico en castellano para el estudio de la comunicación y sus efectos es la compilación de Moragas (1986). Sobre el *framing* en política, véase Alcántara (2020: 242 y ss.).

La generación de marcos cognitivos a través de la presentación de la información en los medios tiene un efecto relevante que se captura con el término *priming*. Este efecto consiste en que la realidad transmitida por un medio (prensa, radio, televisión, pero también redes sociales) deja una huella, una impresión, influye en la percepción que la persona expuesta a ese medio tiene sobre la realidad y, en consecuencia, en el futuro probablemente actuará en función de esa percepción, ya sea evaluando y votando por un candidato (Iyengar y Kinder, 2010), repeliendo a un grupo social determinado que ha sido descrito negativamente o comprando alarmas porque percibe inseguridad a su alrededor, entre otros. Ambos efectos recorren la preocupación o la queja detectada en los discursos de los parlamentarios sobre los medios: para ser comunicadas a la sociedad, se seleccionan trozos parciales de realidad que contribuyen a construir una imagen de la actividad parlamentaria centrada en la teatralización de las diferencias. Y eso es lo que termina existiendo como toda la realidad:

> [...] hay personas que no entienden [...] que cuando tú ves en los medios de comunicación el debate parlamentario, parece que hay una visceralidad y un echarse los trastos a la cabeza que luego no se corresponde con la relación del día a día, ¿no? La relación del día a día yo creo que es cordial entre los grupos parlamentarios y que la tónica general son los acuerdos, ¿no? Pero bueno, esos desacuerdos, esas teatralizaciones, digamos que son lo que tiene más venta mediática y, por lo tanto, igual se generaliza una imagen que no tiene que ver con la realidad (NAV14236).

> Y yo siempre he roto una lanza cuando nos dicen: "No, es que en el Parlamento siempre se está ahí discutiendo, y tal", ¿no? Digo: "Bueno, es que los medios de comunicación", ¿no?, "en las noticias, salen estos momentos de crispación en el atril, pero no salen todos aquellos acuerdos que en un mismo pleno hemos llegado, y con amplísimas mayorías, y de temas, además, sectoriales, como puede ser la sanidad, o derechos sociales, etcétera" (CAT24251).

[…] [en un pleno reciente] entró [el tema de los] eres, entró el cierre de [la] línea […], entró la ludopatía en los centros educativos, el tema de la subida del coste del comedor, entraron temas muy importantes. Temas chungos. El tema del empleo. Un montón de historias. Pero de lo único que hablaron los medios de comunicación al día siguiente fue el debate del *procés*, que fue un debate que duró, con intervenciones más reducidas, que se liquidó el debate en 45 minutos, en un pleno que duró siete horas el primer día y 12 horas el siguiente. Es decir, en un pleno de 20 horas, cogieron un debate de 45 minutos, cuando hubo muchísimos acuerdos […] (AND1113).

La selección de trozos de realidad en función de cuán llamativos sean al objeto de llamar la atención multiplica el efecto de la teatralización pero, sobre todo, conduce al representante (especialmente al meritorio) a buscar el encaje entre su representación en el Parlamento y esa pieza llamativa de la realidad. No es solo el ajuste a las expectativas de los pares del grupo o del partido el que puede llevar a la visibilización del conflicto político, sino también el ajuste a las expectativas de los medios.

Este capítulo ha recogido las percepciones de los parlamentarios sobre el impacto de las elecciones y de los medios de comunicación sobre el fenómeno de la teatralización en la política. Se ha visto que la necesidad de marcar un territorio ideológico, fortalecer una imagen distintiva frente a los rivales es una estrategia asentada en la teatralización, pero que el escenario de multipartidismo solo añade una presión hacia la competición intrabloques. La simbiosis entre medios y política favorece la teatralización de maneras diversas.

En el capítulo siguiente se da cuenta parcial de dos asuntos de relevancia. Una vez vistos los factores que más probablemente inciden en la teatralización, se hace un alto para estudiar las percepciones que tienen los representantes sobre las consecuencias que la teatralización tiene sobre la ciudadanía. Le siguen unos apuntes o reflexiones sobre qué se podría realizar para amortiguar estas consecuencias.

¿QUÉ HACER?

La sobreactuación, el exceso de aspavientos, la visceralidad en los intercambios entre rivales en las cámaras de representación, los insultos, las amenazas, la teatralización, en suma, tiene riesgos para la calidad de la democracia. Se sabe que hay una cooperación alta, aunque decreciente, entre rivales en los parlamentos, pero también hay teatralización de las diferencias bajo ciertas condiciones (plenos, temas, focos, competición electoral, multipartidismo, presencia de medios), incluso cuando hay cooperación previa. Una premisa que recorre algunos discursos de los parlamentarios es que lo que se ve en las cámaras de representación se transfiere a la sociedad de mancra que se puede estar generando una situación en la que se acepte, se normalice, que se desaten algunas inclinaciones con impunidad e irresponsabilidad. Por ejemplo, que se pueda ejercer una cierta violencia contra un representante que no coincide con nuestras ideas, o que se tolere un escrache en la casa donde viven los hijos de un político rival, o que nos desentendamos de las decisiones políticas contribuyendo a la desafección, o que denigremos *in toto* la política, los políticos, sus comportamientos, sus partidos, las instituciones donde sirven a la ciudadanía considerando que son un problema. En realidad, en octubre de 2023, este era el primer problema para los españoles.

Probablemente este sea el más exploratorio de todos los capítulos. Me centro en dos bloques temáticos. Por un lado, teniendo en cuenta los factores asociados a la teatralización analizados en los dos capítulos anteriores, se mapean ahora algunas percepciones de los parlamentarios sobre las consecuencias de este fenómeno. Hecho este diagnóstico, el capítulo se adentra someramente en una exposición de algunas ideas que pueden ayudar a mejorar estas consecuencias o, cuando menos, a considerarlas críticamente.

LAS CONSECUENCIAS

Tras la sesión de investidura de Pedro Sánchez el 15 de noviembre de 2023, siguieron produciéndose asedios a las sedes del PSOE y sus trabajadores, y esa misma mañana de la investidura varios diputados fueron atacados mientras desayunaban en un bar antes de entrar en la sesión de investidura. Se estaban produciendo algaradas en las calles para mostrar el rechazo al pacto de PSOE y JxCat que daría origen a una futura iniciativa legislativa cuyo trámite parlamentario no se había iniciado aún, pero sobre la que los medios hablaban profusamente y la ciudadanía (incluidos los jueces) tomaba posición, algunos no pacíficamente.

Estos episodios de violencia física y simbólica no eran nuevos. Tras el atentado de los trenes de la estación de Atocha el 11 de marzo de 2004 y las manifestaciones de repulsa, muchas personas terminaron asediando las sedes del Partido Popular en las principales ciudades españolas. Se sospechaba que el Gobierno atribuía a sabiendas la responsabilidad del atentado a ETA mientras bastantes indicios apuntaban ya en la dirección de grupos islamistas que actuaban motivados por la participación de España en la guerra de Irak. Había convocadas unas elecciones generales para el 14 de marzo y se suponía que la responsabilidad del atentado podía inclinar la balanza de la victoria hacia un lado u otro. Hubo también violencia física y simbólica.

Unos años después, el 14 y 15 de junio de 2011, un grupo numeroso de manifestantes asedió el Parlament de Catalunya en un acto que obligó al *president* de la Generalitat (de CiU) a acudir en helicóptero a la sede parlamentaria y en el que varios diputados de partidos distintos fueron agredidos. La convocatoria del acto se asoció al movimiento 15M. Los manifestantes protestaban por los recortes en el gasto realizados por el Gobierno de Cataluña (en manos de CiU). Hubo piquetes informativos que se enfrentaban directamente con los diputados, algunos de los cuales fueron protegidos por los propios manifestantes de las acciones de los más exaltados. Uno de los manifestantes pintó en la espalda de una diputada una cruz. Más allá de la controversia judicial del caso, da la sensación de que también aquí hubo violencia física o simbólica.

No pretendo igualar ni comparar las causas o los actos que caracterizaron estas situaciones, pero sí quiero destacar que, como ya se ha apuntado en algunas ocasiones en este libro y a diferencia de lo que pasa en Las Vegas, lo que ocurre en los parlamentos y se transmite por los medios no se queda en la cámara, sino que termina calando en la población. Como señaló un parlamentario:

> [...] si a mí me ven insultando y cabreado todo el día, la persona que me vota pues se replicará como un espejo en eso mismo. Entonces, el clima de crispación es perfectamente trasladable (AND12210).

Es cierto que la teatralización tensiona para movilizar. Esa es la estrategia de marcar el territorio ideológico, como se vio anteriormente. En ese sentido, la teatralización puede ser percibida desde un punto de vista positivo en la medida en que ayuda a rentabilizar las posiciones políticas, a implicar a la ciudadanía, pero, como decía la parlamentaria siguiente, bajo ciertas condiciones de baja intensidad y con el riesgo de que la ciudanía deje de prestar atención a la política:

> El lado negativo es que yo creo que se exagera todo de más. Es un poco histriónico. [...] El positivo es que genera más movilización ciudadana,

y más adhesión, y más interés en la ciudadanía. Es verdad que ambas tienen esa línea en la que hay momentos en que la ciudadanía percibe que es todo demasiado histriónico y que son cosas de políticas y *deja de mirarnos*. Pero en ocasiones que se mantienen unos niveles más normalizados, hace que la gente se involucre más, tenga opinión, participe de la vida pública de una manera más accesible (MAD21234).

El problema de esta perspectiva es alcanzar el equilibrio entre la movilización que un cierto grado de teatralización puede generar y otros efectos negativos que puede provocar. Estos efectos se perciben como riesgos asociados al oficio de político que, por asumidos, no dejan de ser preocupantes para los protagonistas. Esta preocupación existe, principal pero no exclusivamente, entre los representantes del arco ideológico de la izquierda. Y el, a mi modo de ver, riesgo más relevante es que a alguien se le vaya la mano y ejecute actos de violencia de intensidad distinta. Ciertamente, la expectativa de que se cuelgue de los pies a un responsable político (Bruni, 2023) no ayuda a evitar estos posibles actos de violencia. Más bien, parece lo contrario: en la Nochevieja de 2023 unos cientos de ciudadanos se concentraron frente a la sede del PSOE en Madrid, colgaron, insultaron, apalearon, "lincharon" a un muñeco que representaba al presidente del Gobierno entre gritos exaltados que invitaban a hacer lo mismo pero con el personaje real. El argumento básico recae en el concepto de responsabilidad y de imitación: si un parlamentario actúa de manera violenta, aunque sea de forma simbólica a través de gestos o palabras gruesas, autoriza a sus seguidores a comportarse de manera igual porque terminan entendiendo que es social y políticamente aceptable actuar de esa manera (Miller, 2023: 180). Y ahí, en momentos o circunstancias especiales (o, en el plano individual, cuando hay desequilibrios educacionales o químicos), es cuando se pueden desembridar los elementos de contención de la violencia:

Una cosa es cada uno cuando vamos a nuestro trabajo. Somos conscientes de ese contexto y del papel que tienes que hacer. Pero a mí me parece excesivo y preocupante cuando ese exceso de teatralización lo llevas hacia el lado violento. La gente lo ve desde casa. Hubo una intervención en un pleno que fue muy bronco y me acuerdo que dije: "Es como legítimo, pero quien quiera azuzar el odio, el miedo, para crispar este Parlamento, y que parezca que nos estamos matando, que también diga que luego, en la cafetería de la asamblea, estamos todos del mismo lado de la barra", porque ya es una cuestión de responsabilidad. Se dicen cosas tan fuertes, que yo decía: "Que yo luego voy por la calle, y cualquier ciudadano va a decir: 'si mis representantes, en un parlamento, [...] con esto de la *auctoritas*, y tal, dice esas barrabasadas y esas locuras, yo me siento totalmente impune y con la legitimidad de insultar, de decir algo'" (MAD21176).

Es verdad que eso que muestran tanto los medios de comunicación ha hecho mucho daño no solo al parlamentarismo y a la función negociadora que debemos tener todos los parlamentarios, sino ha hecho daño a la vida propia de los parlamentarios fuera del hemiciclo (AND2114).

Y a mí me parece como muy peligroso normalizar algunos discursos de odio, porque yo creo que se está normalizando e institucionalizando. Yo creo que hoy es responsabilidad colectiva y también [de] cada uno en sus competencias. [A] mí me expulsaron de un pleno por decirle a la presidenta que no podía permitir lo que se estaba diciendo ahí. Luego, me regañaron mis compañeros porque me expulsaron. Y dije: "Lo siento, yo no voy a estar sentada en un parlamento normalizando que se esté institucionalizando un discurso de odio, porque luego pasa lo que pasa, que ves por ahí que si uno le ha pegado una paliza a otro". Y digo: "Claro, si se está viendo esto en el Parlamento..." (MAD21176).

Cuando [se] nos pone el pilotito rojo en los micrófonos, tenemos que tener mucho cuidado porque somos un altavoz. Somos un altavoz y nuestros [simpatizantes], para bien o para mal, se lo pueden tomar... Cuando alguien de, por ejemplo, Vox, se pone a hablar de los menores no acompañados de una manera enérgica, de una manera contraria y de una manera que luego muchas veces en las distancias cortas no termina de estar de acuerdo ni con su propio discurso, te puedes encontrar a alguien fuera que vaya mucho más allá (AND1113).

Es cierto que parece observarse una cierta inclinación a que tal preocupación por la violencia se manifieste más fácilmente por los parlamentarios de izquierdas (algo que se tendrá que comprobar también en el futuro y analizar las causas) aunque también se percibe riesgo para el oficio de político en el ámbito conservador:

[los políticos] también nos llevamos unas dosis y unos niveles de sufrimiento y de oposición que es para verlo y para vivirlo. Y no quiero victimizarme, porque hay muchísimos trabajadores que están en peor situación que cualquiera de nosotros, pero el día a día del político con responsabilidades, me gustaría también que alguien se asomara y lo viera. Insisto que no quiero victimizar, pero, hoy día, yo creo que es la actividad, una de las actividades de mayor riesgo que hay, el meterte en política. Lo digo con absoluta franqueza (MAD23178).

Se apuntó en la introducción que uno de los fenómenos que ha captado la atención de varios analistas es el de la polarización afectiva. Se trata de un fenómeno que está erosionando el funcionamiento de las democracias poco a poco y que contribuye a que personas que piensan distinto (y los parlamentarios entre ellos) terminen sin escucharse unos a otros porque se repudian de entrada. El fenómeno de las megaidentidades partidistas estudiado por Torcal (2023) está en la base del *hooliganismo* político que es una manifestación de la polarización afectiva. Y aquí aparecen dos facetas en los discursos de los parlamentarios sobre los efectos de la teatralización. Por un lado, la radicalización de la población y, por otro, el fenómeno concomitante de la polarización y del desinterés por la política:

Entonces yo creo que sí se radicaliza un poco, pero también se banaliza un poco la política, ¿no? [...] Por un lado, veo que esto conecta mucho con la gente que está ávida de líderes que se muestren muy potentes y muy viriles y muy guerreros, pero al mismo tiempo desanima a muchísima gente que está muy harta de las peleas. "Mira tú, oye, la luz", ¿no?, "otra vez; y nadie lo ha resuelto, esto". Y la gente: "Tenemos una factura de luz...". Hoy en Badalona volvían a desahuciar a una familia con un montón de críos. Y ese es el día a día de muchísima gente. Y dices: "Y esos ahí, peleando y haciendo sus numeritos, y luego, aquí la vida nos está costando...". Entonces, yo creo que, a la larga, más bien desmotiva a la gente, yo creo (CAT24166).

[...] puede ser que tengamos cierta responsabilidad también en la radicalización de la población, sí (AND23214).

Quizás nosotros somos más dialogantes, quizá nosotros sabemos que después de eso [la teatralización de un conflicto], pasan unos días, y podemos volver a hablar, pero la población, los que no están en las primeras líneas, los que no saben que después tenemos que llevarnos bien y tenemos que llegar a acuerdos, se crean un sentimiento de odio hacia el contrario que, desde mi punto de vista, creo que no es bueno, porque se crea una crispación entre la población, entre los propios vecinos del propio municipio, que creo que no nos lleva a ninguna parte (AND2114).

[Refiriéndose a la teatralización reiterada de un parlamentario] Y sí, toda esa estrategia es para conseguir titulares y para estar en redes. Y ¿que eso pueda contribuir a la polarización de la ciudadanía? Más que a la polarización de la ciudadanía... Ojalá fuese a la polarización de la ciudadanía en el sentido de que yo creo que es algo peor, sino que está consiguiendo cansar a la ciudadanía, porque si yo misma estoy cansada, pues la ciudadanía, de verlo en la tele, pues al final, yo creo que lo ve todo como un circo, como un *Sálvame*, como un *reality* y, al final, se desafecta de la política. Y además, para los partidos de la izquierda, yo creo que nos va muy negativamente, porque ahí es cuando la gente termina votando a partidos de fuera del sistema, que durante un tiempo Podemos pudo recabar ese tipo de voto, pero ahora no, porque ya estamos gobernando y ya nos señalan como dentro del sistema, y entonces, toda esa gente va a terminar votando a Vox. Entonces, sí que al final se polariza, porque votas, para mí, a un partido que es polarizante, pero es por el paso previo de desafectarte de la política, por verla como un *Sálvame* o un *show* (VAL21245).

También a veces reflexionas y te da la impresión [de] que esa polarización que ahora vemos también a veces en la sociedad, quizá, esté también impregnada por lo que han visto en el ejemplo de sus representantes políticos, ¿no? Entonces, no sabes muy bien quién domina sobre quién, pero probablemente, la actitud política sea más responsable de esa polarización social que al revés, ¿no? Es decir, que el político tiene la capacidad, o debería tenerla, de reflexionar sobre lo que está haciendo y, cuando lo hace, cuando hace estas posiciones, las hace claramente de forma consciente, o sea, está buscando de forma consciente polarizar la situación política, porque entiende que si consigue esa polarización social, saldrá beneficiado en cuanto a número de votantes. Y esa es una responsabilidad muy grave, muy grave, de la que muchas veces nadie responde (CON14172).

Otro efecto relacionado con la teatralización de la política es el de la desafección, expresado por los parlamentarios también como desapego, desgaste, agotamiento, hartazgo por parte de la ciudadanía. El mecanismo que opera es que la continuada visibilización del conflicto político genera una progresiva separación de la población respecto de los políticos, sus partidos, las actividades que realizan (incluyendo la legislativa), que se asocia también al hartazgo y agotamiento en la ciudadanía. Ver en los medios continuamente las broncas entre políticos, las declaraciones gruesas, es percibido como el factor que explica que la ciudadanía tenga tan bajo nivel de aprecio por la política y una buena parte termine por el desapego, la distancia, la alienación política:

Si nosotros tres estuviéramos todos los días viendo y viviendo bronca, bronca, bronca, o sea, nos pusieran una cámara en un espacio y todo lo que viéramos es descalificaciones, es confrontación, es palabras malsonantes, en fin, al final diríamos "es que esto no puede ser…". ¿Qué hacen? Pues que nos vamos retirando, hay una desafección e incluso hay gente que dice "es que yo ya no quiero saber nada de la política". Luego llegan las votaciones y decimos "es que ha habido un no sé cuánto de abstención". Y ¿cuánta parte de esa abstención es como consecuencia de la desafección […]? […] Eso [asimilar el Parlamento a un teatro] es lo que degrada la vida parlamentaria, lo que degrada a los parlamentos, e insisto, y lo que afecta a la democracia, que a mí me preocupa muchísimo, la desafección a la política que hay, porque eso incide directamente en la calidad democrática y en la propia democracia. Y… y nos jugamos mucho, lógicamente (AND2125).

Yo creo que estamos en un punto en donde esto no se analiza. Yo creo que lo que hay es un desgaste de la opinión pública importantísimo, un agotamiento respecto al debate político importantísimo, ¿no? Y en buena parte es culpa de los políticos. Ya lo he dicho, que soy la primera siempre en hacer autocrítica, y yo creo que nos toca hacerla, y en este ámbito, muchísimo, porque hemos agotado a la gente. Hemos agotado a la gente. Entonces, estamos en un punto donde ya la credibilidad se cuestiona, donde solo cuando a nivel personal te conocen y saben de tus inquietudes, tu formación, tu interés, y tal, bueno, muchas veces rompes estereotipos respecto a la política, pero es verdad que yo creo que hemos agotado a la gente, la hemos cansado muchísimo, hemos hecho debates muy poco profundos (CAT24251).

[La teatralización] no nutre el debate político en absoluto, es una pérdida de tiempo, no sirve para nada y, pues sí, puede subir audiencias o puedes conseguir dar un titular ese día, pero al final, lo único que va creando es desafección y falta de respeto, porque la gente, cuando ve lo mismo, una intervención en el Parlamento, que una pelea de periodistas en *Sálvame*, pues hay algo que no funciona bien, porque es que las cosas que entran en el Parlamento son cosas muy serias, que afectan mucho a la vida de todos (MAD23240).

[…] Ese desapego tan famoso, ese desapego a la política o a los políticos existe en la sociedad, viene muy marcado, entre otras cosas, porque lo que perciben los ciudadanos es que estamos todos los días discutiendo, enfrentados, y creo que eso genera rechazo. […] Y por eso, cada vez que tengo ocasión, cuento que llegamos a muchos más acuerdos de los que parece, que también somos conscientes de que eso no vende, pero que sí, que se llega a muchos acuerdos (AND23213).

Lo que trasladan los medios de comunicación, ¿qué es? La sesión de control, los miércoles de 9:00 a 10:30, y eso está generando un desapego tremendo de la sociedad, ¿vale?, hacia los políticos, porque lo que ven es que estoy yo ahí, y hasta yo digo: "¡Dios mío! Estamos transmitiendo esto" (CON23264).

Pues seguramente eso generaría desafección en la política, porque pensarían efectivamente que ha sido un teatrillo. Ahí es donde yo creo que realmente la palabra "teatrillo" tiene sentido, porque hay una diferencia entre lo que tú escenificas, lo que tú cuentas y lo que realmente luego vas a hacer correcto (AND2126).

Creo que, actualmente, los medios de comunicación están haciendo un flaco favor a la política, porque muchos de ellos sacan siempre la parte donde más se teatraliza, donde más conflicto parece que se está generando, y eso es lo que le llega a la población y lo único que estamos consiguiendo es la desafección de la política de la población. Y esto es un desastre para la ciudadanía, porque yo soy de las que pienso que todo lo que hacemos es política y, sin política, no nos podemos organizar (EXT21131).

Hay dos efectos adicionales que tienen una vertiente individual. Es decir, a diferencia de la violencia y la desafección, que son efectos que se percibe que la teatralización tiene sobre la sociedad, hay otros que afectan al conjunto de parlamentarios y, por consiguiente, a cada uno individualmente. Se trata de la desconfianza y el desprestigio, relacionados también con el respeto hacia la figura del representante. Estos dos efectos pueden redundar a su vez en la desafección. La desconfianza, uno de los problemas más serios de las democracias (O'Donnell, 2007: 16; Linz, 2009: 64), se percibe como el resultado directo de la teatralización en la medida en que se puede percibir una disociación entre lo que se dice, lo que se visibiliza y lo que finalmente se hace. El desprestigio se percibe como el resultado de convertir la política visible en una especie de cuadrilátero personalizado en el que dos contrincantes boxean con argumentos *ad hominem* alentados por un coro de correligionarios y detraen esfuerzos, tiempo y atención para fomentar discusiones parlamentarias sobre lo que Manuel Fraga, líder de la entonces Alianza Popular (hoy Partido Popular), denominaba el "precio de los garbanzos", los problemas que interesan a la ciudadanía.

Y esto, lo que está haciendo, entre otras cosas, [es] que las personas, los votantes, el electorado, cada vez confíe menos en la palabra de los políticos. Es decir, montas un *show* y luego haces una cosa completamente contraria, pues, al final, vas perdiendo credibilidad. Te va diciendo: "Bueno, estos ahora hoy te dicen esto, mañana te dicen lo otro y luego harán lo que quieran" (CYL12232).

Yo creo que hemos sufrido un proceso de teatralización brutal que no lleva otra cosa que al desprestigio de la política, ¿no? [...] No me gusta esta deriva que lleva el parlamentarismo, que muchas veces está más a lo que ahora le llaman el *zasca*, el ingenio, la lucha de parlamentario a parlamentario en el ámbito personal, sacando a colación temas de si la casa que vive es de la persona con la que mantienes una relación, a lo que se dedica tu padre, o lo que ha votado tu abuelo, ¿no? Todo el tiempo que dediquemos a hablar de si mi padre tiene una casa más grande que la tuya o si tu abuelo era conde, pues lo estamos sustrayendo al debate político que realmente nos permitiría profundizar en las diferencias de planteamiento, en esas soluciones que vayamos a dar a los problemas. Yo es que es un tema que me repele profundamente, la verdad (MAD23240).

Si nadie te representa, porque lo que sale en televisión es o bien la corrupción del día, o bien el insulto del día de un político a otro, o bien cómo un político [tiene] una metedura de pata con el diccionario [...] o bien porque hablan de asuntos que no preocupan a la ciudadanía y que no tienen que ver con lo que es la agenda de preocupaciones diarias del ciudadano medio normal, pues uno acaba, primero, desconfiando de todo el sistema (AND12210).

Yo cada vez lo veo más y me da pena ver[lo], porque se denigra mucho la profesión de político. Decir que eres político, hoy en día, parece que lo tienes que decir casi como si dijeras que eres, no sé, ladrón, o algo así. Y dices: "¡Jolín! Es una profesión que debería ser noble y no, y al final..." (GAL23163).

> Es mucho más el ruido que las nueces, pero, como decían mis padres antes, se pilla antes a un mentiroso que a un cojo, o se te ve directamente. Entonces, no es serio. Y yo creo que la *credibilidad baja* con tanta teatralización (PVA14261).

> Esa teatralización es muy frecuente y muy habitual, lo cual genera, yo creo, seguramente, como efecto o como consecuencia, una muy *poca credibilidad* en lo que es el discurso y lo que es el debate público (CAT11258).

Un oficio denigrado, con poca credibilidad, cuyos titulares son poco confiables corre el riesgo de convertir la política en un drama que LaPalombara (1987: 114) utilizaba para describir la política italiana: "La idea es que demasiado *spettacolo*[66] degenera en un circo de tres pistas y que de un escenario como este emergerá poca cosa que los ciudadanos de una sociedad libre puedan respetar".

Probablemente se puedan detectar más efectos de la teatralización sobre la ciudadanía y su percepción de la política. Existirán más, seguro, y se podrán establecer relaciones complejas entre ellos. Estos que he pergeñado aquí son los que han aparecido en los discursos de los parlamentarios que se ha entrevistado. Ciertamente, el que parece más preocupante es el de la desafección que, probablemente, no sea ajeno a la polarización afectiva. En cierto sentido, estos son fenómenos resultantes de lo que Sánchez-Cuenca (2022) denomina "desintermediación", la progresiva erosión de partidos y medios de comunicación como intermediarios entre la ciudadanía y la política. Los efectos percibidos de la teatralización pueden estar profundizando aún más en la desintermediación y socavando la función de representación de los partidos y de sus señorías.

66. En italiano en el original.

FIGURA 2

PERCEPCIONES DE LOS EFECTOS DE LA TEATRALIZACIÓN

Fuente: Elaboración propia.

La pregunta final que queda en el aire por retórica es la siguiente: si los efectos percibidos de la teatralización son los expuestos (aunque sean parciales, véase la figura 2) y se pondera la gravedad de las consecuencias que tienen sobre la percepción de la ciudadanía acerca de la política, ¿qué motivación tienen los actores fundamentales de este drama (los partidos, sus representantes, las instituciones en que se desempeñan, los medios de comunicación) para seguir fomentando o tolerando el fenómeno de la teatralización? ¿Hay solución? En el apartado siguiente abordo este asunto también de una manera exploratoria.

PROPUESTAS

Permítame hacer algo que nunca hago y que dudo que vuelva a hacerlo en el futuro. Voy a avanzar unas recomendaciones para enfrentar un problema que puede ser grave para la democracia en España. Para ello, voy a seguir a uno de los clásicos de las ciencias sociales, Emile Durkheim, quien, preocupado por la sociedad de su época que él percibía como trufada de individualismo, falta de integración, carente de normas sociales aceptadas para un tiempo nuevo, sugirió en varios trabajos algunas propuestas vinculadas a las causas de lo que él percibía como males sociales.

Durkheim (1951: 378) sugería el fortalecimiento de las instituciones intermedias entre el Estado y la sociedad para generar más integración y reducir la anomia, ya que en esas organizaciones de la modernidad (corporaciones, ayuntamientos, colegios profesionales, etc.) pueden surgir "ideas y sentimientos sociales [...] ya que están compuestos de individuos dedicados a las mismas tareas, con intereses solidarios o incluso combinados". Más de un siglo después, Sánchez-Cuenca (2022) nos advierte de que está ocurriendo el proceso inverso: la desintermediación en las democracias, la erosión del papel mediador de partidos y medios de comunicación está generando una anomia democrática, una especie de desintegración del orden político conocido. Le corresponde al lector evaluar el grado de responsabilidad que tienen los representantes de la ciudadanía en este fenómeno.

Se ha visto que estos mismos representantes perciben una serie de riesgos generados por la teatralización. Pero también perciben algunas soluciones cuando se les pide reflexionar sobre este asunto. Me baso en ellas parcialmente para sugerir algunas medidas en esta sección asumiendo que hay dos aspectos igualmente relevantes. Por un lado, los factores institucionales y, por otro, los elementos culturales o de acción no necesariamente institucional, aunque ambos pueden estar conectados. Empiezo por estos segundos.

Uno de los aspectos a los que se les suele prestar poca atención en los estudios de parlamentarios es el grado de amistad o de relación personal que tienen los rivales políticos en una cámara. En el apartado titulado "Cara y espalda" se intentó sugerir que no es infrecuente que existan buenas relaciones entre los rivales basándome en evidencias de naturaleza circunstancial. También se vio que hay rechazos *ad hominem* y de naturaleza ideológica; es decir, hay parlamentarios que no desean relacionarse con alguien en concreto porque lo consideran una mala persona y, también, los hay que tampoco desean relacionarse con otros porque no comparten su ideología. Esto existe y se ha visto en las entrevistas que suele afectar a algunos parlamentarios de polos ideológicos (por ejemplo, entre Vox y Podemos). Aun así, la percepción habitual es la de que suelen existir buenas relaciones personales (con los matices que se quieran poner) y que estas ayudan en el proceso legislativo, aunque no son determinantes. Un parlamentario ofrecía este diagnóstico:

> Las relaciones personales de la clase política son muy superiores a lo que luego aparecen representados en medios de comunicación o en intervenciones parlamentarias (AND12210).

No es infrecuente esta percepción. Creo que es el momento de aportar algunos datos de la encuesta a parlamentarios para reforzar esta idea. Ciertamente, basándonos en las respuestas a esta encuesta y con las cautelas necesarias, parece que entre sus señorías abundan las buenas relaciones personales con los rivales. Se les preguntó lo siguiente: "En la actualidad, ¿tiene amigos/as entre los parlamentarios/as rivales en su cámara?". Las opciones de respuesta eran claras: sí o no. Tal como se aprecia en la tabla 9, tres cuartas partes de los parlamentarios (74%) reconocen tener amigos entre los rivales.

TABLA 9

AMISTAD CON RIVALES EN LA CÁMARA (EN %)

PARTIDO	NO	SÍ	TOTAL (N)
1. PSOE	19	81	137
2. PP	29	71	121
3. Podemos	33	67	27
4. Cs	18	81	27
5. Vox	45	54	22
6. ERC	15	85	13
7. JxCAT	21	79	14
8. PNV	33	67	9
9. Otros: izq. y centroizq.	38	62	37
10. Otros: der. y centroder.	21	79	14
Total	26	74	421

Nota: Porcentajes redondeados al entero más próximo.
Fuente: Coller *et al.* (2023a).

Los partidos donde abundan más las personas que declaran tener amistad con rivales son ERC y PSOE. Por el contrario, los que menos relaciones de amistad tienen con los rivales son los representantes de Vox. A ese 74% de parlamentarios que declaran tener amistad con algún rival, se le preguntó si este tipo de relación, en concreto, "le ha ayudado a construir acuerdos sobre alguna iniciativa parlamentaria". La respuesta positiva del 74% de este grupo no deja de ser abrumadora, especialmente porque en ERC es del 84% y en el PSOE y Cs alcanza el 81%. En el PP es del 71% y Podemos, del 67%. Vox aparece como el partido en el que, comparativamente, estas relaciones de amistad parecen no haber ayudado mucho a construir acuerdos (55%).

En suma, parece que hay amistades o buenas relaciones entre buena parte de parlamentarios[67], aunque sabemos que también hay cierta polarización afectiva entre ellos. Y estas relaciones parecen ayudar a construir acuerdos o, cuando menos, a mantener ciertos niveles de relación donde los desacuerdos se mantienen dentro de unos límites marcados por la cortesía y la profesionalidad pragmática. Hay algunas referencias que quiero resaltar antes de concluir este aspecto de las relaciones humanas en la política. Se resalta que, aunque la teatralización existe, un cierto ámbito de confianza y de buena relación es necesario entre rivales, algo que puede ayudar a construir acuerdos directa o indirectamente (a través de la mediación), aunque no siempre. Esto no quiere decir ni que se termine votando lo mismo (las decisiones suelen ser colectivas) ni que se modifiquen las creencias nucleares para alcanzar acuerdos, pero sí que se reconoce que una cierta relación personal (quizá motivada por cierta empatía) ayuda a que, por lo menos, la política visible sea menos teatralmente adversarial:

La vida política tiene dos aspectos. Hay una parte de teatro, de manifestar las diferencias con el otro, que tiene su ámbito en el pleno

67. De hecho, para la realización de la encuesta, no ha sido raro que un diputado de un partido nos dijera que hablaría con otro de otro partido rival para responder la encuesta.

parlamentario, en la rueda de prensa, en la exposición pública, y que es necesario y que es bueno, ¿no?, pero luego tiene que haber otro espacio para la confianza personal (CON13129).

[...] las relaciones humanas, evidentemente, son un bálsamo para los acuerdos, ¿no? [...] sí que estoy de acuerdo en que tiene que haber una relación humana, de hablar, de no solo cuando estás haciendo [...] la teatralización política (CAT24166).

A la hora de negociar, no, pero yo reconozco que a la hora del debate, sí. Yo, con una persona que me produce más simpatía... He tenido comparecencias o he tenido intervenciones muy duras dependiendo de la persona [a la] que me dirigía. Y, por ejemplo, hay veces que no me sale, no me sale, dependiendo de la afectividad que tenga hacia esa otra persona que no sea de mi grupo parlamentario. Eso es así (NAV21238).

[...] Las relaciones humanas son superimportantes y yo tengo que decir que me llevo muy bien con diputados de otros grupos parlamentarios, y que cuando te llevas bien pues a veces, te buscan, otros compañeros, te dicen: "Ostras, como te llevas tan bien con no sé quién, ¿por qué no me acompañas?". O: "¿Por qué no le comentas esto? o le dices lo otro", para facilitar. Sí, pero luego [para] el voto final no facilita que seas amigo o te lleves bien, o eso, porque es una decisión del grupo. Ya no es una decisión solo de un miembro del grupo, sino que es del grupo (VAL21274).

Nos puede hacer más fácil trabajar juntos, pero al final no vas a llevar una negociación por la afinidad que tengas con los integrantes de la Mesa, ¿no? Creo que es una de las primeras cosas que tienes que aprender. Cuando llegas a la política, hay que saber decir: "Bueno, pues a esta negociación no vamos a poder llegar", y que eso no suponga una situación violenta entre las personas que forman parte de la negociación, ¿no?, y que pueda existir precisamente esa nobleza en el trato, esa lealtad y ese respeto, independientemente de esa negociación en la que estás participando [...] (MAD23240).

Obviamente, fomentar unas buenas relaciones personales entre adversarios políticos no es la panacea, pero si los propios protagonistas reconocen que ayudan y, según quién lo diga, ayudan mucho, ¿por qué no pensar en medidas que ayuden a fomentar no ya la empatía, sino el conocimiento mutuo entre rivales? Al fin y al cabo, como señalaba este parlamentario, la visibilización teatralizada del conflicto político es una disfunción de la tarea representativa, por lo que igual se puede intentar atacar tal disfunción:

Las malas relaciones, generalmente, dan lugar a desacuerdos inexplicables, que solo se pueden explicar por lo personal. Y luego, pues evidentemente, tener una buena relación y tener cortesía facilita los acuerdos. Eso es así. Por cierto, que la cortesía parlamentaria está en todos los reglamentos, que es una parte que debería ser funcional. Estos enganches personales, pues de alguna manera, son un defecto, no es nuestro trabajo estar riñendo de forma personal (NAV11241).

Hay muchas organizaciones que tienen implantados protocolos para fomentar un clima organizativo que no sea tóxico. Las grandes empresas (y no solo las grandes) y los centros educativos suelen ser la avanzadilla, pero las escuelas parecen tomarse muy en serio este asunto por los casos de acoso con finales dramáticos que hemos ido conociendo[68]. En las escuelas más preventivas suelen crearse espacios de comunicación (aulas, pasillos, patios de recreo) donde se ejercite la escucha activa que conduzca al reconocimiento y tolerancia de la diferencia. El objetivo final es conseguir que los miembros se sientan cómodos, aunque sean diferentes. El método es fomentar que se genere cierta empatía entre las personas a través del conocimiento mutuo (quién soy, quién eres, de dónde vengo/vienes, qué me/te gusta, etc.). Esto se suele fomentar generando *juntanza*, compartiendo el mismo espacio en el mismo momento realizando actividades variadas[69].

68. Agradezco a Margarita Bufalá y Manuel Filgueira las ideas sobre lo que hacen las escuelas.
69. Agradezco a Montse Gigirey algunas de estas ideas concretadas en el concepto *juntanza*.

La mayor parte de ellas implican una cierta socialización ligera como actividades en equipos mixtos con un objetivo común, prácticas deportivas colectivas (senderismo, partidos) y similares.

Entiendo e imagino las limitaciones e inconvenientes para trasladar algunas de estas iniciativas a las cámaras de representación. Probablemente, las reticencias vendrían de los propios protagonistas o de sus líderes. No propongo hacer una traslación directa, de manera que sugiera hacer una competición de canoas o un ejercicio de *paintball* con diputados de varios partidos. Pero ¿por qué no pensar en alguna acción orientada a que nuestros representantes se conozcan un poco mejor más allá de las útiles celebraciones colectivas por Navidad cuando existen? Una oportunidad de oro puede venir de la mano de algún curso o seminario para representantes que llegan a la cámara por vez primera (alrededor de un 50% en cada elección) o también para los experimentados. En otros países, estos seminarios (abiertos al público) los ofrecen organizaciones vinculadas por membresía o por financiación con los parlamentos, como es el caso del Institute for Government (en el Reino Unido) o el Groupe Canadien d'Étude des Parlements (GCEP)[70]. Se les habla de cortesía parlamentaria, del uso del tiempo, de las relaciones con la sociedad civil. Esto no solo fomentaría el contacto entre parlamentarios de diferente signo, sino que podría tener un impacto en las expectativas de lo que es un parlamentario y, quizá, el ajuste requerido para la teatralización del que se habló antes, podría verse amortiguado. ¿Por qué no intentarlo o pensarlo por lo menos? Es solo una sugerencia.

Algunos parlamentarios descansan parte de la responsabilidad del qué hacer en la sociedad. Entienden que se desconoce lo que se hace en los parlamentos y, probablemente, no les falte razón. La ciudadanía crítica de la que habla Norris (2011) y que es imprescindible para el funcionamiento robusto de las

70. Se puede consultar un curso de cortesía parlamentaria en https://bitly.ws/35YCJ y otro analizando lo que no funciona bien (y cómo arreglarlo) en la Cámara de los Comunes británica en https://bitly.ws/35YET. Agradezco mucho a Cristina Leston-Bandeira que me pusiera en la pista de estas iniciativas.

democracias no se consigue sin una ciudadanía informada, conocedora de sus instituciones. Probablemente, esta ciudadanía crítica construya más y mejor confianza en las instituciones y evite o reduzca el peso de la triple trampa de las expectativas de la que nos habla Medvic (2012). No es una queja infrecuente.

> Yo creo que si preguntamos a la ciudadanía qué hacemos los diputados más allá del ratito que nos ven sentados en el hemiciclo, nadie sabe cómo funciona el Parlamento ni a los acuerdos a los que se llegan, ni qué mecanismos tienen ellos mismos incluso para participar en los debates parlamentarios. Esto no forma parte de la cultura general [...] de la ciudadanía. [...] Y en los plenos, habitualmente, todos polarizan los discursos [...] En el atril puedes salir y decir cualquier cosa, y luego irte a tomar un café con el diputado con el que has compartido diferencias en el hemiciclo, ¿no? La constructividad en política ahora no vende (CAT24251).

> Llega un momento en que la gente te ve en la tele, pero no saben tu nombre, porque somos tantos y a veces tampoco a qué partido representas, ¿no? O sea, este efecto, yo creo que es contraproducente porque al final [se] pierde un poco la noción, el patrón; realmente, el mensaje se pierde mucho, se difumina muchísimo (AND1228).

En consecuencia, parece que una acción esperable es la de dar a conocer más y mejor el Parlamento y sus actividades; es decir, hacer pedagogía en la sociedad. Pero esto no se centra solo en dar unos cursos en los colegios e institutos (que también) o en incluir un tema sobre el funcionamiento de la democracia en los programas de estudio (que también), sino en mostrar además dos aspectos de la política. Primero, que en los parlamentos se discute, se rivaliza, se argumenta, pero que eso no quiere decir que deba haber necesariamente enconamientos personales. Segundo, que hay conflictos derivados de la pluralidad normal en cualquier democracia, pero que también hay acuerdos entre rivales, mal que pese a algunos de los parroquianos que Torcal (2023) llama *hooligans*.

Entonces, lo que hay que hacer es normalizar, decir a la sociedad "oiga, igual estamos exagerando con el teatro"; dos, "llegamos a acuerdos más de lo que ustedes piensan"; y tres, "por favor, no se odien socialmente porque aquí dentro, en las instituciones, no nos odiamos; al contrario, son buenas las relaciones que tenemos, aunque luego parlamentariamente, pues nos tiremos los trastos a la cabeza". Yo creo que hay que intentar normalizar el consenso y normalizar, entre comillas, también el conflicto (AND12210).

[...] Si se tiene un punto de equilibrio, puede ser positivo porque tenemos que entender que los partidos políticos tienen que lanzar su mensaje y ese mensaje tiene que llegar y tienen que buscar mecanismos para que ese mensaje llegue; pero también, al mismo tiempo, se puede trabajar en la trastienda [...] para ir conformando esos acuerdos [...] (VAL11175).

[...] yo creo más en la política del diálogo y de la construcción y sobre todo de la argumentación. Y la argumentación no es solo hacer el *zasca*, sino explicar el por qué no estás de acuerdo. Y yo creo que si tú lo explicas bien, al final, hay un porcentaje de gente que no lo entenderá, pero yo creo que la mayoría lo entendería, ¿no? (CAT11147).

Hay muchas funciones. Hay muchos grupos de trabajo, hay mucha labor política que no va solo en los titulares que tú puedas buscar con un discurso de siete minutos en un parlamento. Es un trabajo mucho más duro [...] Yo creo que eso es el gran trabajo que tenemos que hacer [...] la gran pedagogía que tenemos que hacer los políticos. Lo que tenemos que trasladarle a la sociedad [es] que hacemos eso. No que estamos los dos minutos de gloria porque vas a hablar frente a un consejero, sino la labor que podemos hacer y que podemos desarrollar (AND11211).

Dar a conocer lo que se hace realmente en los parlamentos, emerger y hacer visualizable la política invisible, no es exclusivamente responsabilidad de las instituciones, sino que corresponde también a los parlamentarios y, si nos apuramos, a los representantes políticos de cualquier nivel (del municipal al europeo). También les corresponde a ellos una reflexión crítica sobre la manera en que se visibiliza el conflicto político de manera que, como dice esta diputada y su opositor siguiente, haya pluralismo político sin necesidad de crispación, sin perder credibilidad, sin generar desafección.

[…] La madurez política de un país es: tú piensas X, yo pienso Y, yo no tengo por qué llegar a un acuerdo contigo, pero para demostrar eso, no te tengo que ridiculizar a ti, ni decir que tú eres un imbécil, ni no sé, ni no sé cuánto. Para mí eso sería lo ideal y, por lo tanto, que haya una ciudadanía que pueda vivir el pluralismo ideológico sin estar crispado con tu vecino, con tu vecina, que al final, es lo que ven en los propios parlamentos (VAL21245).

Y esto, lo que está haciendo, entre otras cosas, [es] que las personas, los votantes, el electorado, cada vez confíe menos en la palabra de los políticos. Es decir, montas un *show* y luego haces una cosa completamente contraria, pues, al final, la gente va perdiendo credibilidad. Te va diciendo: "Bueno, estos ahora hoy te dicen esto, mañana te dicen lo otro y luego harán lo que quieran". No. Yo creo que a las personas hay que tratarlas como personas mayores y que deberíamos ser menos teatreros, [tener] más sentido común. Sí. Yo creo que sí, hay mucho teatro. Sí, efectivamente. Es más, yo creo que va por lo contrario. La gente suele creer más en los políticos moderados, que no hacen ese tipo de escenas y que siempre intentan mantener el debate de una forma más moderada y siempre igual. Yo creo que el electorado lo premiaría, estoy seguro (CYL12232).

Pero no todo son responsabilidades individuales. En la edición de 2012 de su ya clásico de 1999 *Patterns of Democracy*, Lijphart indica que "las instituciones tienen el potencial para convertir una cultura de confrontación en menos confrontación y más consensual" (p. 284). Hay una responsabilidad institucional para intentar mitigar los efectos negativos percibidos de la teatralización y de la política-espectáculo. Pero ¿en qué medida una institución puede fomentar que la política visible se asiente sobre la práctica frecuente del acuerdo que ocurre en la política invisible, que es menos confrontacional aun manteniendo las diferentes posiciones políticas que puedan existir? La mayor parte de reglamentos de las cámaras (generalmente emulando al del Congreso de los Diputados) prohíben llevar armas blancas y de fuego al recinto de la cámara que se trate, y también prevén sanciones para quienes se salgan de lo que se entiende que es la "cortesía" parlamentaria, interrumpa los discursos o haga manifestaciones públicas con la ropa o carteles y cosas similares. Pero poco más. Es cierto que en la mayor parte de parlamentos se deja un margen de maniobra amplio para que los debates sean vivos, aunque en algunas cámaras han intentado poner coto. Por ejemplo, en Suecia se prohíbe explícitamente hablar de manera condescendiente sobre otras personas o utilizar un lenguaje ofensivo destinado a una persona concreta. ¿Cuántos espectáculos bochornosos se evitaría la ciudadanía en España con que se pusiera un poco de autocontención en estos dos asuntos tan frecuentes en la política visible?

Poco antes de terminar el manuscrito de este libro hablé con una persona del servicio de documentación de una cámara de representación española. Hablábamos de los reglamentos y me confesó que la primera vez que entró en donde se celebran las sesiones se quedó en estado de *shock* porque no se podía entender nada de lo que decía la persona que hablaba desde el atril debido al nivel de decibelios imperante en la cámara. Parece que es una situación frecuente y que los medios la reflejan con soltura. Yo mismo lo he experimentado en varias visitas a distintas cámaras.

La Presidencia de la cámara puede llamar al orden, pedir silencio y compostura, pero lo más probable es que, al menos en el escenario de la política visible, no tenga éxito. No solo suele haber un murmullo de fondo, es que en ocasiones los diputados rivales gritan chanzas a quien está en uso de la palabra. Viene a la memoria el "¡A la mierda!" del diputado de la Chunta Aragonesista en el Congreso José Antonio Labordeta[71]. Es posible que estas situaciones no tengan remedio, pero sí muestran cierta debilidad en la autoridad de la Presidencia. Y quizá, el

71. Puede conocerse mejor este episodio en https://bitly.ws/35YRM.

reforzamiento de esta autoridad no venga de la mano de una mayor reglamentación, sino de un acuerdo implícito entre los líderes para hacer que sus huestes parlamentarias modulen la visibilización del conflicto político, su teatralización. Como señaló LaPalombara (1987), no se trata de saber si hay *spettacolo*, sino de cuánto *spettacolo* se está dispuesto a promover y a tolerar teniendo en cuenta los efectos percibidos por los propios parlamentarios y el grado de acuerdo que se suele generar en los parlamentos.

También los partidos tienen su cuota de responsabilidad en la medida en que filtran a los candidatos que figuran en las listas electorales. Muchas veces nos quejamos de la calidad de nuestros representantes, aunque me parece que esta queja no es privativa de España. Los partidos, sus dirigentes, los órganos encargados de confeccionar y aprobar las listas electorales son quienes tienen capacidad de seleccionar al candidato a futuro representante. Naturalmente, no tienen toda la responsabilidad, pero sí la obligación de velar por la calidad de la representación. Pero el problema es bastante conocido. Se llama "escasez de oferta" y "selección adversa" (Barreiro *et al.*, 2003). Poca gente está dispuesta a hacer el sacrificio que implica la vida pública y las personas que lo terminan haciendo suelen provenir de las estructuras del partido (secciones juveniles, por ejemplo, cargos orgánicos, fundaciones), con lo que probablemente han estado sujetos a una socialización política limitada a la propia organización. Nos lo recordó Alcántara (2020: 257) recuperando a Azaña: "El gran problema de la política es acertar a designar los más aptos, los más dignos, los más capaces". Y él mismo plantea una propuesta razonable basándose en el talento, la experiencia y la profesionalización (*ibid.*: 279 y ss.).

Georg Simmel (1986) habló de los círculos sociales y de cómo la sociedad evoluciona a medida que se aumenta la densidad relacional o la cantidad de veces que una persona cruza estos círculos generando más interacciones con personas diferentes de entornos también diferentes. Seymour Martin Lipset (1963), en su *Political Man*, le dio relevancia para la política: a cuantos más círculos sociales esté expuesta una persona, menos tendencias radicales, unidimensionales, desarrollará, más empatía —me permito añadir tras leer a Urquizu (2021)— tendrá hacia otros puntos de vista rivales que sean legítimos, más tolerancia habrá. En consecuencia, un buen criterio para seleccionar al futuro personal político puede ser su experiencia previa en distintos círculos u organizaciones de esferas sociales diferenciadas. Claro, que esto lleva al problema del currículo de los políticos (Coller, 2018).

En Canadá, por ejemplo, los partidos políticos han terminado por tomarse en serio la función de selección de los futuros representantes y suelen someter a exámenes estrictos a sus candidatos haciéndolos dimitir en caso de ocultación o tergiversación de información en sus trayectorias, puesto que se supone que desacredita al partido y facilita las críticas a los rivales (Marland, 2021). ¿Qué mensaje se habría enviado a la ciudadanía española si se hubiera hecho dimitir a algunos responsables políticos que falsearon sus currículos, sus credenciales, presentándose ante sus correligionarios y la ciudadanía como lo que no eran? ¿Imagina las consecuencias que tendría para el fortalecimiento de la democracia que no se aceptara el engaño o la mentira en la manera en que se presenta un candidato?

Este libro llega a su fin. En este capítulo he intentado pergeñar los riesgos de la teatralización que perciben los representantes. También me he atrevido a aventurar algunas ideas recogidas de las entrevistas y otras fruto de la reflexión personal. Creo que el problema no es quién le pone el cascabel al gato, sino quién da el primer paso, quién descuelga el teléfono primero para llamar al rival y decirle que, con el concurso de todos, vamos por un camino que conduce a un escenario problemático y preguntarle qué está dispuesto a hacer cada uno para mejorar la situación. Pero me parece que en este libro falta la respuesta a la pregunta más importante e incómoda: y usted, ¿qué haría?

Muchas gracias por leer.

ANEXO METODOLÓGICO

¿CÓMO SE HA HECHO?

En este anexo se da cuenta de los aspectos técnicos del trabajo en el que se basa este libro. Se explica primero el método que se ha seguido para el análisis de la teatralización. Se aborda después la naturaleza de los datos que se utilizan: análisis de las votaciones de las leyes, encuesta a parlamentarios y entrevistas semiestructuradas. Se termina con un aspecto técnico para entender mejor las citas.

MÉTODO

Para explorar el fenómeno de la teatralización, se sigue parcialmente la filosofía del método del rastreo de procesos. El rastreo de procesos intenta encontrar los mecanismos causales que vinculan un fenómeno con las condiciones en las que ese fenómeno aparece o existe (Gerring, 2007: 45). De los tres tipos de rastreo de procesos que Beach y Pedersen (2013) distinguen (para testar teorías, para construir teorías y para explicar resultados), en este trabajo se realiza una adaptación que bascula entre los dos segundos: se intenta utilizar las evidencias disponibles para construir una narrativa que explore el fenómeno de la teatralización y, al mismo tiempo, trata de averiguar en qué condiciones aparece este fenómeno; es decir, qué elementos o factores contribuyen a que se pueda observar la teatralización. Visto así, la forma de proceder de este estudio encaja bien en lo que Rohlfing (2012: 9-11) sugiere que es un rastreo de procesos exploratorio[72]. Como este es un trabajo más bien exploratorio, en el futuro se pueden testar algunos análisis o incluso reforzar algunas ideas con enfoques más sistemáticos.

Al proceder partiendo de las evidencias generadas o disponibles, en lugar de encajar una teoría previa a las evidencias, se contribuye a lo que Glaser y Strauss (1967) denominan la "teoría fundamentada" o "teoría anclada en datos o evidencias", pero sin pretender generar ninguna teoría[73]. Las evidencias que se han utilizado aquí son de tipo variado. Por un lado, están las que hemos generado un equipo de investigación amplio[74]: respuestas de una encuesta a una muestra de 557 representantes y entrevistas semiestructuradas a una muestra motivada de 59 parlamentarios en cámaras de representación seleccionadas por su nivel de conflicto político. Por otro lado, están los documentos diversos como los diarios oficiales de sesiones donde se reflejan los debates parlamentarios y votaciones de las leyes o noticias aparecidas en los medios de comunicación. De la combinación de estas evidencias y su análisis han emergido una serie de conceptos y relaciones que han permitido construir una narrativa que explora la teatralización y pretende ayudar a entenderla mejor basándose, fundamentalmente, en las percepciones de los actores principales del fenómeno.

72. Una buena síntesis en castellano del desarrollo del rastreo de procesos como método de investigación se encuentra en los trabajos de Cortez y Solorio (2022) y Aguirre (2017).
73. En inglés se la conoce como *grounded theory*. El texto básico es el de Glaser y Strauss (1967), pero hay una buena aproximación práctica también en el trabajo de Strauss (1987). Una síntesis de las bases metodológicas de la "escuela" que acoge las ideas de la teoría fundamentada, el interaccionismo simbólico, se encuentra en Coller (2007: 217-229).
74. Pueden verse sus componentes en https://consenso.uned.es/equipo/.

CONFLICTO Y ACUERDOS

El capítulo titulado "La paradoja" pretende poner de relieve que, aunque percibamos mucho conflicto en la política española, los datos nos dicen que también hay mucho acuerdo. Estos datos se han construido a partir de las votaciones de las 9.785 leyes aprobadas en los parlamentos españoles desde 1977 hasta 2023. Se han computado para cada ley los votos a favor y abstenciones, y los votos negativos. Hay leyes que han sido votadas a la totalidad mientras que otras (un 37%) son votadas artículo a artículo o por bloques de estos. Y no hablo de dos o tres votaciones. Por ejemplo, la Ley 12/1986 Proyecto de Ley de Presupuestos generales de la Comunidad de Madrid para 1987 requirió de 151 votaciones; la Ley 4/2017, del Suelo y de los Espacios Naturales Protegidos de Canarias, necesitó 147 votaciones; la Ley 5/2018, de vivienda de las Islas Baleares precisó de 124 votaciones, las mismas que la Ley 4/1986 de Patrimonio de Andalucía. En estos y otros casos similares, se ha hecho una media de los votos recibidos en cada votación de manera que cada ley tenía solo unos votos a favor, unas abstenciones y unos votos en contra.

Por otro lado, con los resultados electorales y la composición interna de cada cámara sabíamos el tamaño de los apoyos al Gobierno para cada legislatura y año. La relación entre el número de escaños apoyando al Gobierno (monocolor o de coalición) y los votos recibidos por cada ley nos ha facilitado el índice de inclusión a través de la fórmula que ese explicó en el capítulo correspondiente. Tal fórmula es la siguiente: (F-G) / (T-G), donde G es el tamaño de los apoyos en escaños al Gobierno, T es el total de votos emitidos para la ley y F es la cantidad de votos afirmativos y abstenciones. El índice es una media anual que varía a lo largo del tiempo y de las cámaras. Adquiere valores que van de 0 a 1, donde 0 es que nadie más que las personas que apoyan al Gobierno votan a favor de la ley o se abstienen, y donde 1 significa que todos los presentes en la votación votan a favor o se abstienen, no registrándose votos negativos.

Solo se ha trabajado con las leyes que se han votado y aprobado, no con aquellas que se rechazan en las votaciones, que sospecho que son pocas, o con las propuestas de ley que no son aceptadas por la Mesa de la cámara. Se puede pensar que esta manera de actuar introduce un cierto sesgo muestral porque solo se analizan las votaciones de las leyes aprobadas, es decir, las que han pasado ya varios filtros y esto puede propiciar algún tipo de acuerdo en las votaciones finales. Puede ser parcial y teóricamente cierto, aunque requeriría algún tipo de evidencia que lo demostrara. Por ese motivo, para quien pueda estar interesado y tenga los recursos necesarios, queda la tarea de mostrar ese sesgo muestral analizando las propuestas inadmitidas por las Mesas de las cámaras o las rechazadas en votación en pleno o comisión desde 1977 hasta 2023.

No obstante, un análisis superficial de la evolución del índice de inclusión permite observar que, a pesar de que este sesgo puede existir, el conflicto en la aprobación de las leyes existe y presenta una tendencia creciente desde la transición a la democracia. Es posible, pues, que quizá el sesgo, de existir, no sea muy intenso.

Tampoco se han analizado las enmiendas a las leyes y sus votaciones. Creo que su estudio no añadiría mucho y complicaría innecesariamente el índice de inclusión. Habría que distinguir entre los tipos de enmienda (teniendo en cuenta que las hay que decaen por reconvertirse en otras) y su aceptación o rechazo. Si hay casi 10.000 leyes analizadas, se puede especular con las decenas de miles de votaciones que habría que registrar tanto en las comisiones como en el pleno, donde también se hacen enmiendas. Aun así, quien pueda estar interesado y tenga los recursos, podría realizar un análisis de las enmiendas y compararlo con los resultados ofrecidos en este estudio.

Establecida la paradoja, el análisis de la teatralización descansa en dos tipos de evidencias: los resultados de una encuesta a parlamentarios y las entrevistas semiestructuradas.

ENCUESTA

Se ha realizado una encuesta a una muestra de parlamentarios de las 19 cámaras de representación en España. No es la primera vez que se hace. Los resultados de las dos encuestas anteriores se pueden ver en los trabajos editados por Coller *et al.* (2016 y 2021). El cuestionario de la tercera encuesta se puede consultar en Coller *et al.* (2022) y la base de datos utilizada para este trabajo en Coller *et al.* (2023a). El trabajo de campo de la tercera encuesta se realizó entre 2022 y 2023. Las encuestas se hicieron por internet y correo postal. Se obtuvo respuesta de 557 parlamentarios (un 30%) del total.

El contacto con los parlamentarios se realizó en dos fases. En primer lugar, se enviaron cartas a las autoridades parlamentarias explicándoles el estudio y solicitando su colaboración. En segundo lugar, se contactó por carta con todas las personas que ocupaban uno de los 1828 escaños de los parlamentos españoles. En estas cartas se indicaba que la encuesta era parte de un proyecto internacional mucho mayor denominado Comparative Candidates Survey (CCS), en cuyo paraguas se incluyó también la segunda encuesta a parlamentarios realizada en 2018. Se enviaron cartas de seguimiento para fomentar la respuesta, así como varias rondas de correos electrónicos. Estos se enviaban de manera segmentada por comunidad, por sexo y por partido. Cuando alguna persona indicaba que ya había respondido, se la eliminaba de la base de datos de recordatorios.

El cuestionario estaba disponible en internet a través de la plataforma Qualtrics. Tenía acceso restringido con un código QR enviado por correo postal o a través de un enlace enviado a la dirección electrónica del diputado. Este cuestionario era una traducción del utilizado en la CCS, pero ampliado con cuestiones relativas al estudio del que nace este libro. Este estudio se denominó oficialmente "La construcción social del consenso en entornos políticos multipartidistas" (PID2019-108667GB-I00) y estuvo patrocinado por el Ministerio de

Ciencia e Innovación. Además, se incluyeron preguntas que provenían de otros grupos de investigación.

No podemos hablar entonces de una muestra aleatoria que permita generalizar los resultados con un margen de error aceptable. Al contrario, este estudio, como todos los que tratan con élites políticas, corre el riesgo del sesgo de autoselección. Esto significa que nada puede evitar que los que responden compartan ciertas características como el sexo, el partido o la cámara. Esto invalidaría los resultados. Para atacar este sesgo (inevitable cuando tratamos con poblaciones especiales como la de parlamentarios, como explican Coller y Alcántara, 2023), se ha calibrado la muestra de personas que han respondido. A diferencia de la ponderación, la calibración es un mecanismo de ajuste de la muestra teniendo en cuenta la no respuesta y la probable infrarrepresentación de grupos diversos de la población de parlamentarios por una respuesta escasa. Por ejemplo, pueden responder menos los parlamentarios vascos o los varones o los conservadores, etc. Los motivos detrás de la no respuesta no se tratan aquí. Pero esta no respuesta genera sesgos en los resultados finales. Para ello, está la calibración (Kott, 2016).

En esta encuesta, se ha calibrado la muestra de respondientes utilizando tres variables para las que se conocía su distribución en la población de parlamentarios: sexo, partido y cámara. El ajuste ha consistido en la aplicación combinada de unos pesos que aproximan el resultado hacia donde estaría de haber respondido las personas en proporción igual a su presencia en la población. De esta manera, cuando se realizan análisis estadísticos se obtienen estimadores no sesgados.

Para reducir el sesgo de deseabilidad social, se insistió desde el primer contacto en que la encuesta era anónima y que nunca se hacía un tratamiento individualizado de las respuestas. A esta garantía creo que ayudó el hecho de dirigir a las personas hacia las publicaciones previas donde se ve claramente que no hay tratamiento individualizado de los datos y que los análisis realizados eran académicos, no políticos o ideológicamente sesgados. La intención era fortalecer la idea de confidencialidad, privacidad y anonimato, tal como se sugiere en el trabajo de Coller y Alcántara (2023). De esta manera, se garantizaba la confidencialidad y el anonimato que suelen ayudar a que las respuestas sean sinceras y, por tanto, a reducir el sesgo de deseabilidad.

ENTREVISTAS

Las entrevistas semiestructuradas se hicieron siguiendo un guion amplio que buscaba las percepciones de los parlamentarios sobre el acuerdo en la actividad legislativa en las cámaras de representación. En tal guion había preguntas guiadas por hipótesis previas que intentaban pulsar posiciones diferentes sobre aspectos como la renovación de los parlamentarios y su incidencia en el consenso/disenso, los temas de las leyes, el perfil de los parlamentarios, la trasparencia, las amistades, etc. Es decir, intentamos hacer emerger las percepciones que tienen los representantes sobre la relación entre estos factores y el consenso/disenso.

Uno de esos factores o variables independientes era la teatralización. Al ver que era un asunto que cobraba más relevancia a medida que hablábamos con diputados, decidí que era un asunto sobre el que merecía reflexionar y ofrecer datos. Las citas que se usan en este estudio provienen, pues, de preguntas relacionadas con la teatralización, pero, en algunas ocasiones, provienen de preguntas sobre temas concomitantes como, por ejemplo, el impacto del multipartidismo en el conflicto parlamentario.

Las entrevistas se realizaron a lo que se conoce como una "muestra motivada". A diferencia de las muestras aleatorias en las que los individuos están elegidos al azar, en las muestras motivadas las personas se eligen porque tienen algo que decir respecto del tema que se estudia. Como nuestro tema general era el consenso parlamentario en entornos multipartidistas, el diseño de la investigación se basó en elegir, primero, cámaras según su grado de conflictividad (alto y bajo). El grado de conflictividad venía dado por el grado de apoyo a las leyes.

Una vez elegidos estos casos polares, se decidió incluir el Congreso, dada su relevancia política, y un grupo de cámaras donde el grado de conflicto era medio. Las cámaras elegidas finalmente fueron las de Madrid, Valencia, Galicia, Andalucía, Extremadura, Castilla y León, País Vasco, Navarra, Cataluña y Congreso de los Diputados. Dentro de cada cámara se eligió alrededor de un 10% de parlamentarios en función del sexo, el partido y la experiencia parlamentaria. Dado que Andalucía tenía una financiación aparte, el número de entrevistas realizadas allí fue un poco mayor. La selección de individuos concretos para ser entrevistados se hizo de manera aleatoria una vez fijados los criterios básicos de cámara, sexo, partido y experiencia. Hubo que hacer sustituciones, porque a veces los contactos por carta y correo electrónico no fueron fructíferos. En total se realizaron 59 entrevistas. Se hizo un pretest del guion de entrevista a 11 parlamentarios, elevando el número total de personas entrevistadas a 70. Hubo, además, un número reducido de conversaciones confirmatorias para verificar o refutar algunas ideas que emergían del análisis.

Las entrevistas fueron codificadas con el programa NVivo, que se mostró útil para esta tarea y la de recuperar la información en función de códigos diversos. Se trabajó con 22 códigos anidados. El que agrupaba las percepciones y reflexiones sobre la teatralización era el 13 y se dividió en cuatro códigos más: descripción, frecuencia, explicación y consecuencias. El código "explicación" agrupó tres explicaciones posibles que tenían que ver con las acciones de los partidos minoritarios, la preocupación por mostrarse en los medios y el temor ante el electorado. Cada código estaba explicado con detalle al objeto de reducir la disparidad entre los codificadores, todos miembros del equipo de investigación. El grado de acuerdo entre codificadores fue superior al 95%, lo que garantizó internamente un elevado grado de coherencia en la codificación. En total, el código "teatralización" tuvo 160 piezas de información provenientes de las 59 entrevistas transcritas.

Estas piezas de información constituyen la fuente de la que se extraen las citas que salpican el relato que se presenta en este libro. Cada cita tiene una clave que anonimiza a la persona entrevistada, pero permite conocer ciertas características que pueden ser relevantes para el análisis. La clave está compuesta por tres letras y un conjunto de números. Las letras hacen referencia a la autonomía en la que es parlamentaria la persona entrevistada. Así, CAT es de Catalunya, EXT es de Extremadura, y así. El primer dígito hace referencia al sexo: 1 es hombre y 2 es mujer. El segundo dígito se refiere a la ideología. Para garantizar el anonimato, el equipo de trabajo decidió atribuir tres espacios ideológicos en función de las medias ideológicas que salían en la tercera encuesta de parlamentarios; así, 1 es la izquierda, 2 es el espacio de centro (donde hay partidos estatales y autonómicos) y 3 es el espacio de la derecha. El tercer dígito hace referencia a la experiencia de la persona en el escaño de manera que 1 es novel y 2 con más de una legislatura a sus espaldas. Los dígitos siguientes (1 o 2) se refieren al número de entrevista que va del 1 al 59. A modo de ejemplo, la clave AND1319 se refiere a un hombre del espacio conservador sin experiencia del Parlamento de Andalucía y entrevistado en noveno lugar.

No creo que se haya caído en el error de la selección caprichosa (*cherry picking*) o intencionada de las declaraciones para sustentar una idea previa que se explica en el texto. Al contrario, siguiendo las recomendaciones de Glaser y Strauss (1967) y Berg (1998), se ha ido construyendo la narrativa con la amalgama de las piezas de información contenida en los discursos elaborados por los representantes de la ciudadanía. Como suele ser habitual, se ha prestado atención a los discursos elaborados, los conceptos utilizados, sus conexiones y su relación con el fenómeno estudiado. Cuando se han observado discrepancias, se han señalado, aunque es cierto que más que discrepancias (que alguna hay), lo que se han observado son matices dado que hay una gran coincidencia en la percepción de la teatralización en la política española.

Y, claro, las citas están editadas para hacerlas legibles. Se ha prescindido de la mayor parte de los "mmm", "humm", "hemm", "ehhhhh", "¿no?", "¿vale?", y de algunas frases gramaticalmente incorrectas para hacerlas más legibles. Estos elementos no añaden nada y dificultan la lectura. Pongo un ejemplo. Compárense estas dos citas:

> Entonces yo creo que sí, que radicaliza un poco, pero también banaliza un poco la política, ¿no? Yo pienso que… No sé… Yo aquí me… veo… Por un lado, veo que esto conecta mucho con… con la gente que está a… ávida de… de líderes que se muestren muy potentes y muy… ¿no?, muy viriles y muy… muy guerreros, pero al mismo tiempo eh… desanima a muchísima gente que está muy harta, ¿no?, de las peleas…

> Entonces yo creo que sí se radicaliza un poco, pero también se banaliza un poco la política, ¿no? […] Por un lado veo que esto conecta mucho con la gente que está ávida de líderes que se muestren muy potentes y muy viriles y muy guerreros, pero al mismo tiempo desanima a muchísima gente que está muy harta de las peleas.

La segunda dice exactamente lo mismo que la primera, pero es más legible. La segunda está editada y la primera no.

Si se desea tener más información sobre cómo se ha hecho este estudio, puede visitar la web https://consenso.uned.es/ o bien contactar directamente con el equipo a través de la dirección: proyecto.consenso@poli.uned.es.

BIBLIOGRAFÍA

ALCÁNTARA, Manuel (2020): *El oficio de político*, 2ª ed., Madrid, Tecnos.

AGUIRRE, Julio Leónidas (2017): "Mecanismos causales y *process tracing*. Una introducción", *Revista SAAP*, vol. 11, nº 1, pp. 147-175.

ANDUIZA, Eva; CRESPO, Ismael y MÉNDEZ, Mónica (1999): *Metodología de la Ciencia Política*, Madrid, Centro de Investigaciones Sociológicas.

ARAGÓN, Manuel *et al.* (2022): *España. Democracia menguante*, Madrid, Fundación Colegio Libre de Eméritos.

BARAS, Montserrat; BARBERÁ, Óscar y BARRIO, Astrid (2008): "Más allá de la ley de May: disparidades curvilíneas y conflicto intrapartidista. El caso de Cataluña", *Working Papers*, nº 267, Barcelona, Institut de Ciències Polítiques i Socials.

BARBERÁ, Pablo (2020): "Internet y política: consecuencias políticas y sociales de la revolución digital", *Revista de las Cortes Generales*, nº 108, pp. 223-243.

BARREIRO, Belén *et al.* (2003): "La selección adversa en los partidos", *El País*, 4 de julio, en https://bitly.ws/36Tst.

BEACH, Derek y PEDERSEN, Rasmus Brun (2013): *Process-Tracing Methods: Foundations and Guidelines*, Ann Arbor, The University of Michigan Press.

BENÍTEZ, Andrés *et al.* (2023): "Envejecido, con más mujeres y diverso: así será el nuevo Congreso", *El País*, 13 de agosto, en https://bitly.ws/36wAL.

BERG, Bruce L. (1998): *Qualitative Research Methods for the Social Sciences*, Needham Heights, Allyn & Bacon.

BOESE, Vanessa A. *et al.* (2021): "How democracies prevail: democratic resilience as a two-stage process", *Democratization*, vol. 28, nº 5, pp. 885-907.

BRUNI, Paola (2023): "Abascal publica el audio de la entrevista en Argentina en la que afirma que 'el pueblo querrá colgar a Sánchez de los pies' para cargar contra el PP", *Infobae*, 11 de diciembre, en https://bitly.ws/36wLt.

CAPO, Jordi (1994): "Oposición y minorías en las legislaturas socialistas", *Revista Española de Investigaciones Sociológicas*, nº 66, pp. 91-113.

— (2003): "The Spanish Parliament in a Triangular Relationship, 1982-2000", *Journal of Legislative Studies*, vol. 9, nº 2, pp. 107-129.

Carandell, Luis (1998): *Se abre la sesión*, Barcelona, Planeta.
Chaqués-Bonafont, Laura y Palau, Anna M. (2011): "Comparing law-making activities in a quasi-federal system of government. The case of Spain", *Comparative Political Studies*, vol. 44, nº 8, pp. 1089-1119.
Chinoy, Sahil *et al.* (2023): "Zero-Sum Thinking and the Roots of U. S. Political Divides", en https://bitly.ws/35Qkw.
Colino, César y Parrado, Salvador (2009): "Análisis de la práctica y dinámica de los procesos formales e informales de las relaciones intergubernamentales", en Xavier Arbós (coord.), *Las relaciones intergubernamentales en el Estado autonómico. La posición de los actores*, Barcelona, Institut d'Estudis Autonòmics, pp. 135-298.
Coller, Xavier (2004): "Los políticos valencianos en el contexto español", *Revista Valenciana de Estudios Autonómicos*, nº 41/42, pp. 96-145.
— (2006 [2002]): "Collective Identities and Failed Nationalism. The Case of Valencia in Spain", *Pôle Sud*, nº 25, pp. 107-136.
— (2007): *Canon sociológico*, Madrid, Tecnos.
— (2018): "El currículo de los políticos", *El País*, 25 de abril, en https://bitly.ws/36Tvo.
Coller, Xavier y Alcántara, Manuel (2023): "Researching the elites of power: the case of the parliamentarians", en Antonio Díaz, Cristina del Real y Lorena Molnar (eds.), *Fieldwork Experiences in Criminology and Security: Methods, Ethics, and Emotions*, Cham (Suiza), Springer Nature, pp. 97-115.
Coller, Xavier y Benítez, Andrés (2022): "Por qué es tan difícil legislar en un parlamento fraccionado", *The Conversation*, 22 de mayo, en https://bitly.ws/342N4.
Coller, Xavier; Cordero, Guillermo y Echavarren, José Manuel (2016): "Selección y reclutamiento de los parlamentarios en España", en Xavier Coller, Antonio Jaime y Fabiola Mota (eds.), *El poder político en España: parlamentarios y ciudadanía*, Madrid, CIS, pp. 87-103.
Coller, Xavier; Cordero, Guillermo y Jaime, Antonio M. (eds.) (2018): *The Selection of Politicians in Times of Crisis*, Londres, Routledge.
Coller, Xavier *et al.* (2022): "Cuestionario de la tercera encuesta a representantes políticos en España (2022)", Zenodo, en https://bitly.ws/36wFT.
— (2023a): "Tercera encuesta a representantes políticos en España (2022)" (versión 1.0) [Data set], Zenodo, en https://bitly.ws/36wGq.
— (2023b): "BADELEY: base de datos de leyes en España (desde 1977)" (versión 1.0) [Data set], Zenodo, en https://bitly.ws/36wI4.
Coller, Xavier; Jaime-Castillo, Antonio y Carrasco, Beatriz (2023): "PP, Vox, Bildu y la legislación", *El País*, 21 de junio, en https://bitly.ws/34nci.
Coller, Xavier; Jaime, Antonio y Mota, Fabiola (eds.) (2016): *El poder político en España: parlamentarios y ciudadanía*, Madrid, CIS.
Coller, Xavier y Ramírez de Luis, Fernando (2019): "Unstable preferences and policy changes: Spain", en Leonardo Morlino y Cecilia Sotilotta (eds.), *The politics of the Eurozone crisis in Southern Europe: A comparative reappraisal*, Londres, Palgrave, pp. 133-171.
Coller, Xavier y Sánchez-Ferrer, Leonardo (eds.) (2021): *Politicians in Hard Times. South European MPs Facing Citizens after the Great Recession*, Londres, Palgrave.

CORDERO, Guillermo y CHRISTMANN, Pablo (2018): "¿Podemos? Crónica de un éxito inesperado en las elecciones europeas de 2014", en Mariano Torcal (ed.), *Opinión pública y cambio electoral en España: claves ante el reto europeo y la crisis política y económica*, Madrid, CIS, pp. 153-172.

CORDERO, Guillermo y COLLER, Xavier (2015): "Candidate Selection and Party discipline", *Parliamentary Affairs*, vol. 68, nº 3, pp. 592-615.

CORTEZ, Josafat y SOLORIO, Israel (2022): "Rastreo de procesos e inferencia causal en los métodos cualitativos de la ciencia política", *Estudios Políticos*, nº 55, pp. 59-82.

CREWE, Emma (2015): *Commons and Lords. A short anthropology of Parliament*, Londres, Haus Publishing.

DAHL, Robert (1971): *Poliarchy. Participation and Opposition*, New Haven, Yale University Press.

DIEGO, Sara de (2018): "Los otros 10 'shows' de Rufián en el Congreso: de la impresora a las esposas para Rajoy", *El Confidencial*, 21 de noviembre, en https://bitly.ws/35Pbr.

DURKHEIM, Emile (1951 [1897]): *Suicide. A Study in Sociology*, Nueva York, The Free Press.

— (1965 [1912]): *The Elementary Forms of Religious Life*, Nueva York, The Free Press.

EDELMAN, Murray (1967): *The Symbolic Uses of Politics*, Campaign (Illinois), University of Illinois Press.

ESCOBAR, Modesto y CABRERA, Pablo (2023): "Índice de calidad de la democracia. La calidad democrática alcanza su máximo en 15 años: 6,4", en Alberto Penadés y Amuitz Garmendia (dirs.), *Informe sobre la democracia en España 2022. El largo plazo*, Madrid, Fundación Alternativas y Centro de Estudios Políticos y Constitucionales, pp. 169-193.

FIELD, Bonnie. N. (2005): "De-Thawing democracy. The Decline of Political Party Collaboration in Spain (1977 to 2004)", *Comparative Political Studies*, vol. 38, nº 9, pp. 1079-1103.

FISHMAN, Robert M. (2004): *Democracy's Voices. Social Ties and the Quality of Public Life in Spain*, Ithaca, Cornell University Press.

— (2021): *Práctica democrática e inclusión*, Madrid, Los Libros de la Catarata.

FITER, Miguel (2023): "Expulsan a un concejal del PSOE por 'tocar' a Almeida 'tres veces' la cara en tono de 'amenaza' en el pleno", *El Español*, 28 de septiembre, en https://bitly.ws/33Vjd.

FRIEDLAND, Paul (2002): *Political Actors: Representative Bodies and Theatricality in the Age of the French Revolution*, Cornell, Cornell University Press.

GARCÍA, Amanda (2022): "La bronca en el Congreso vista por televisión: 'Es vergonzoso y me pregunto si es así de verdad'", *Público*, 2 de diciembre, en https://bitly.ws/35NM9.

GERRING, John (2007): *Case Study Research*, Cambridge, Cambridge University Press.

GIORGI, Elisabeta de y MARANGONI, Francesco (2015): "Government laws and the opposition parties' behaviour in parliament", *Acta Politica*, vol. 50, nº 1, pp. 64-81.

GIULIANI, Marco (1997): "Measures of Consensual Law-Making: Italian 'Consociativismo'", *South European Society and Politics*, vol. 2, nº 1, pp. 66-96.
— (2008): "Patterns of Consensual Law-making in the Italian Parliament", *South European Society & Politics*, nº 1, pp. 61-87.
GLASER, Barney G. y STRAUSS, Anselm L. (1967): *The Discovery of Grounded Theory. Strategies for Qualitative Research*, Nueva York, Aldine de Gruyter.
GOFFMAN, Erving (1987): *La presentación de la persona en la vida cotidiana*, Buenos Aires, Amorrortu.
GÓMEZ, Raúl y RAMIRO, Luis (2019): "Beyond the 2008 Great Recession: Economic factors and electoral support for the radical left in Western Europe", *Party Politics*, vol. 25, nº 3, pp. 358-368.
HERNANDIS, Miquel (2022): "De 'miserable y cómplice' a 'les jode', bronca en las Cortes valencianas entre PP y Compromís por los abusos", *El Español*, 22 de abril, en https://bitly.ws/35NNH.
HIRSCHMAN, Albert O. (1970): *Exit, Voice, and Loyalty. Responses to Decline in Firms, Organizations and States*, Cambridge, Harvard University Press.
HOFSTADTER, Richard (1948): *The American Political Tradition and the Men Who made it*, Nueva York, Knopf.
IGNATIEFF, Michael (2014): *Fuego y cenizas. Éxito y fracaso en la política*, Barcelona, Penguin.
— (2023): "Enemies vs. Adversaries", *The New York Times*, 16 de octubre, en https://bitly.ws/35qfC.
ILIE, Cornelia (2004): "Insulting as (un) parliamentary practice in the British and Swedish parliaments", en Paul Bayley (ed.), *Cross-Cultural Perspectives on Parliamentary Discourse*, Ámsterdam, John Benjamins Publishing Company, pp. 45-86.
IYENGAR, Shanto y KINDER, Donald R. (2010 [1987]): *News That Matters: Television and American Opinion. Updated Edition*, Chicago, The University of Chicago Press.
JAIME-CASTILLO, Antonio M. y MARTÍNEZ-COSINOU, Gloria (2016): "Grupos parlamentarios y contexto institucional", en Xavier Coller, Antonio M. Jaime-Castillo y Fabiola Mota (eds.), *El poder político en España: parlamentarios y ciudadanía*, Madrid, Centro de Investigaciones Sociológicas, pp. 121-142.
JENKINS-SMITH, Hank C. *et al.* (2018): "The Advocacy Coalition Framework: An Overview of the Research Program", en Christopher M. Weible y Paul A. Sabatier (eds.), *Theories of the Policy Process*, Nueva York, Routledge, pp. 135-171.
KELSEN, Hans (2008 [1929]): *De la esencia y valor de la democracia*, Oviedo, KRK Ediciones.
KERTZER, David I. (1988): *Ritual, Politics & Power*, New Haven, Yale University Press.
KOTT, Phillip S. (2016): "Calibration weighting in survey sampling", *Wiley Interdisciplinary Reviews: Computational Statistics*, vol. 8, nº 1, pp. 39-53.
LAPALOMBARA, Joseph (1987): *Democracy Italian Style*, New Haven, Yale University Press.
LAPUENTE, Víctor (2015): *El retorno de los chamanes. Los charlatanes que amenazan el bien común y los profesionales que pueden salvarnos*, Barcelona, Península.

LEÓN, Margarita (2023): *El arte de pactar. Estado de bienestar, desigualdad y acuerdo social*, Madrid, Los Libros de la Catarata.
LEVITSKY, Steven y ZIBLATT, Daniel (2018): *Cómo mueren las democracias*, Barcelona, Ariel.
LIJPHART, Arend (1977): *Democracy in Plural Societies. A Comparative Exploration*, New Haven, Yale University Press.
— (1999): *Patterns of Democracy: Government Forms and Performance in Thirty-Six Countries*, New Haven, Yale University Press.
LINZ, J. J. (1972): "Continuidad y discontinuidad en la elite política española: de la Restauración al régimen actual", en VV AA, *Estudios de Ciencia Política y Sociología: homenaje al profesor Carlos Ollero*, Madrid, Carlavilla, pp. 361-423.
— (2007): "Los problemas de las democracias y la diversidad de democracias", en Rafael del Águila *et al.*, *La democracia en sus textos*, Madrid, Alianza Editorial, pp. 225-266.
— (2009a): "La quiebra de las democracias", en José Ramón Montero y Jeff Miley (eds.), *Juan J. Linz. Obras escogidas. Democracias: quiebras, transiciones y retos (Vol. 4)*, Madrid, Centro de Estudios Políticos y Constitucionales, pp. 6-118.
— (2009b): "Robert Michels y su contribución a la sociología política", en José Ramón Montero y Jeff Miley (eds.), *Juan J. Linz. Obras escogidas. Democracias: quiebras, transiciones y retos (Vol. 4)*, Madrid, Centro de Estudios Políticos y Constitucionales, pp. 576-645.
LIPSET, Seymour Martin (1963 [1959]): *Political Man. The Social Bases of Politics*, Nueva York, Anchor Books.
LÓPEZ GARRIDO, Diego (1983): "La posición de las ponencias en el procedimiento legislativo del Congreso de los Diputados (I y II legislatura), *Revista de Derecho Político*, nº 17, pp. 225-234.
LÓPEZ DE MIGUEL, Alejandro (2022): "El plan para sancionar insultos en el Congreso se estrella: sus señorías no quieren multas", *El Confidencial*, 30 de noviembre, en https://bitly.ws/33Viy.
— (2023): "Pataleos y bronca en el Congreso y crispación en la calle: 'Mamarracha, traidor'", *El Confidencial*, 26 de septiembre, en https://bitly.ws/35NMz.
MARAVALL, José María (2003): *El control de los políticos*, Madrid, Taurus.
— (2008): *La confrontación política*, Madrid, Taurus.
MARLAND, Alex (2020): *Whipped. Party Discipline in Canada*, Vancouver, University of British Columbia Press.
— (2021): "Vetting of election candidates by political parties: Centralization of candidate selection in Canada", *American Review of Canadian Studies*, vol. 51, nº 4, pp. 573-591.
MAY, John (1973): "Opinion Structure of Political Parties: The Special Law of Curvilinear Disparity", *Political Studies*, vol. 21, nº 2, pp. 135-151.
MCCOMBS, Maxwell (2004): *Estableciendo la agenda. El impacto de los medios en la opinión pública y en el conocimiento*, Barcelona, Paidós.
MEDVIC, Stephen K. (2012): *In Defense of Politicians: The Expectations Trap and Its Threat to Democracy*, Londres, Routledge.

Méndez, Mónica y Santamaría, Julián (2013): "La ley de la disparidad ideológica curvilínea de los partidos políticos: el caso del PSOE", *Revista Española de Ciencia Política*, nº 4, pp. 35-69, en https://bitly.ws/35R3L.

Merton, Robert K. (1949): *Social Theory and Social Structure*, Nueva York, The Free Press.

Michels, Roberto (1967 [1911]): *Political Parties. A sociological Study of the Oligarchical Tendencies of Modern Democracy*, Nueva York, Free Press.

Miller, Luis (2023): *Polarizados. La política que nos divide*, Barcelona, Deusto.

Molina, Estefanía (2021): *El berrinche político (2015-2020). Los años que sacudieron la democracia española*, Barcelona, Destino.

Moragas, Miquel de (ed.) (1986): *Sociología de la comunicación de masas. Estructura, funciones y efectos* (cuatro volúmenes), Barcelona, Gustavo Gili.

Morlino, Leonardo (1998): "Las democracias", en Angelo Panebianco (ed.), *Manual de ciencia política*, Madrid, Alianza Editorial, pp. 79-90.

Mouffe, Chantal (1999): "Deliberative Democracy or Agonistic Pluralism?", *Social Research*, vol. 66, nº 3, pp. 745-758.

— (2014): *Agonística. Pensar el mundo políticamente*, Cuidad de México, Fondo de Cultura Económica.

Mújica, Alejandro y Sánchez-Cuenca, Ignacio (2006): "Consensus and Parliamentary Opposition: The case of Spain", *Government and Opposition*, vol. 41, nº 1, pp. 86-108.

Norris, Pipa (2011): *Democratic Deficit: Critical Citizens Revisited*, Cambridge, Cambridge University Press.

O'Donnell, Guillermo (2007): "Las crisis perpetuas de las democracias", *Polis. Investigación y Análisis Sociopolítico y Psicosocial*, vol. 3, nº 1, pp. 11-20.

Olivas, José Javier (2021): "Populismo en España: fundamentos teóricos y relatos dominantes", *Araucaria*, vol. 23, nº 47, pp. 371-401.

Orriols, Lluís (2023): *Democracia de trincheras. Por qué votamos a quienes votamos*, Barcelona, Península.

Palau, Anna M. *et al.* (2023): "The Effect of Ideological Distance on Voting Behaviour in Parliament under Changing Economic Conditions: A Comparison between Portugal and Spain", *Representation*, en https://bitly.ws/35R5V.

Piña, Raúl (2018): "Antología del insulto en el Congreso: '¡Imbécil!', '¡Gilipollas!', '¡Canalla!'…", *El Mundo*, 22 de noviembre, en https://bitly.ws/33Vih.

Przeworski, Adam (2019): *Crisis of Democracy*, Cambridge, Cambridge University Press.

Puig, Xavi (s. f.): "Prohibirán hablar de política en el Congreso para evitar broncas", *El Mundo Today*, en https://bitly.ws/35NN2.

Rai, Shiring M. y Johnson, Rachel (eds.) (2014): *Democracy in Practice: Ceremony and Ritual in Parliament*, Basingstoke, Palgrave Macmillan.

Ramiro, Luis y Gómez, Raúl (2017): "Radical-Left Populism during the Great Recession: *Podemos* and Its Competition with the Established Radical Left", *Political Studies*, vol. 65, nº 1, pp. 108-126.

Rey, Antonio del (2022): "Radiografía del insulto parlamentario", *Heraldo de Aragón*, 4 de diciembre, en https://bitly.ws/33ViR.

Rohlfing, Ingo (2012): *Case Studies and Causal Inference. An Integrative Framework*, Basingstoke, Palgrave MacMillan.

Runciman, David (2018): *How Democracy Ends*, Nueva York, Basic Books.
Sánchez-Cuenca, Ignacio (2018): *La confusión nacional. La democracia española frente a la crisis catalana*, Madrid, Los Libros de la Catarata.
— (2022): *El desorden político. Democracias sin intermediación*, Madrid, Los Libros de la Catarata.
Sánchez-Ferrer, Leonardo y Coller, Xavier (2021): "Leadership in Hard Times?", en Xavier Coller y Leonardo Sánchez-Ferrer (eds.), *Politicians in Hard Times. South European MPs Facing Citizens after the Great Recession*, Londres, Palgrave, pp. 383-98.
Sartori, Giovanni (1987): *The Theory of Democracy Revisited*, Chatham (NJ), Chatham House Publishers.
— (1999 [1976]): *Partidos y sistemas de partidos*, Madrid, Alianza Editorial.
Schmitt, Carl (1991): *El concepto de lo político*, Madrid, Alianza Editorial.
Simmel, Georg (1986 [1908]): "El cruce de los círculos sociales", en Georg Simmel, *Sociología 2. Estudio sobre las formas de socialización*, Madrid, Alianza, pp. 425-478.
Strauss, Anselm L. (1987): *Qualitative Analysis for Social Scientists*, Cambridge, Cambridge University Press.
Toharia, José Juan (2018): "Los españoles y el sistema autonómico (1984-2017)", en Benigno Pendas García (dir.), *España constitucional (1978-2018). Trayectorias y perspectivas*, Madrid, Centro de Estudios Políticos y Constitucionales, pp. 1623-1638.
Torcal, Mariano (2016): "Desafección política en España en una perspectiva comparada", en Francisco Llera (ed.), *Desafección política y regeneración democrática en la España actual: diagnósticos y propuestas*, Madrid, Centro de Estudios Constitucionales, pp. 79-113.
— (2023): *De votantes a hooligans. La polarización política en España*, Madrid, Los Libros de la Catarata.
Torreblanca, José Ignacio (2015): *Asaltar los cielos. Podemos o la política después de la crisis*, Barcelona, Debate.
Urquizu, Ignacio (2016): *La crisis de la representación en España*, Madrid, Los Libros de la Catarata.
— (2021): *Otra política es posible*, Barcelona, Debate.
Weber, Max (1946 [1919]): "Politics as a Vocation", en Hans H. Gerth y Charles Wright Mills (eds. y trads.), *From Marx Weber: Essays in Sociology*, Nueva York, Oxford University Press, pp. 77-128.
Weinberg, James (2023): *Governing in an Age of Distrust. A Comparative Study of Politicians Trust Perceptions and Why They Matter*, Oxford, Oxford University Press.

ÍNDICE TEMÁTICO

A

B

C

D

E

F

G

I

J

L

M

N

O

P

R

S

T

V